高等院校实验教学示范中心实验教材

供基础、临床、中西医、麻醉、口腔、眼视光、影像、精神、法医、预防、护理、助产、检验、影像技术、药学等专业使用

组织学与胚胎学精编实验教程

第2版

主　编　文晓红
副主编　张仁东
主　审　黄安培
编　委　（按姓氏笔画排序）
　　　　马　利　文晓红　刘　燕
　　　　杜巳萍　李　静　杨正伟
　　　　张仁东　袁　莉　郭　洋
　　　　黄小丽　彭　彬

科学出版社
北京

内 容 简 介

本书为组织学与胚胎学实验教材。全书共20章，第1章介绍组织学与胚胎学基本实验技能，第2~18章为组织学实验内容，第19~20章为胚胎学实验内容，书末附录为组织学标本复习要点和思考题参考答案。本书的编写重在精练和实用，对结构的描述尽量符合标本的实际情况，并配以精美的彩色插图，能很好地满足组织学与胚胎学实验课教学的需求，是医学生必不可少的配套教材。

本书供医学各专业层次的组织学与胚胎学实验教学选用，也可供相关学科参考使用。

图书在版编目(CIP)数据

组织学与胚胎学精编实验教程/文晓红主编.—2版.—北京：科学出版社，2019.1
高等院校实验教学示范中心实验教材
ISBN 978-7-03-059635-2

Ⅰ.①组… Ⅱ.①文… Ⅲ.①人体组织学-实验-医学院校-教材 ②人体胚胎学-实验-医学院校-教材 Ⅳ.① R32-33

中国版本图书馆 CIP 数据核字（2018）第 265204 号

责任编辑：朱 华／责任校对：郭瑞芝
责任印制：赵 博／封面设计：陈 敬

版权所有，违者必究。未经本社许可，数字图书馆不得使用

科学出版社 出版
北京东黄城根北街16号
邮政编码：100717
http://www.sciencep.com

涿州市般润文化传播有限公司印刷
科学出版社发行 各地新华书店经销

*

2010年8月第 一 版　开本：787×1092 1/16
2019年1月第 二 版　印张：7
2025年1月第十六次印刷　字数：158 000
定价：39.80元
（如有印装质量问题，我社负责调换）

第 2 版前言

　　组织学与胚胎学是基础医学的形态学科，为医学生学习后续课程以及科学研究奠定良好的形态学基础。学生只有联系理论进行实验观察，才能正确认识人体的微细结构和人体胚胎发育的形态变化。本书是学生在理论知识学习后，再观察标本所使用的实验教材。本书第 1 版已使用了 8 年，受到教师和学生的好评。第 2 版既传承了第 1 版的优点，也修订了第 1 版的不足之处。

　　本书的参编教师以严谨的科学态度和责任意识，本着有利于"好教"与"好学"的原则，力求教材精练实用、图片精美和重点突出。本书第 2 版的章节设置与理论教材一致，以方便学生课前预习、课中学习和课后复习，也更有利于教学安排。每章的内容主要包括目的要求、观察标本、示教、电镜照片、英文词汇和思考题，第 2 版还增加了本章小结，以帮助学生对所学知识进行归纳和总结。在观察标本栏目里，对标本观察方法和要点的介绍做到通俗易懂，对结构的描述也尽量符合标本的实际情况，并附有镜下绘图指导，指明绘图重点和标注结构的名称。图片质量是形态学科教材水平的关键所在，故第 2 版修订的重心放在了插图方面，在第 1 版基础上更换了质量欠佳的实物图，补充了新的实物图，标注也更加清晰详细，进一步提升了本书图文并茂的效果，对学生观察标本、完成实验报告和复习标本等都能起到更好的指导作用。另外，书末还附有组织学标本复习要点和思考题参考答案，更有利于学生学习本门课程。

　　本书第 1 版教材的主编、川北医学院的黄安培教授为第 2 版教材的修订奠定了坚实的基础，在此谨代表编委会对他表示衷心的感谢。

　　由于我们水平有限，恐有疏漏和错误之处，敬请同仁和使用本教材的师生们给予批评指正，并预致谢意。

主　编
2018 年 9 月

第1版前言

组织学与胚胎学是实践性很强的学科，学生只有联系理论进行实验观察，才能正确认识人体的微细结构和人体胚胎发育的形态变化。学生在实验中不但能验证与巩固理论知识，而且可加深和扩大对理论的理解，同时培养自己观察、比较、分析和综合各种客观现象的科学思维方法、实事求是的科学态度与独立工作的能力。

本实验教程的编写重在精练和实用，能对学生观察标本、完成实验报告和复习标本起到确实的指导作用。对结构的描述尽量符合标本的实际情况，并适当配以彩色插图，帮助学生理解和寻找典型结构。

本实验教程在适当照顾整个知识体系系统性的同时，部分打破了理论教材的章节限制，使有关内容比较有机地融合在一起，既可以减少标本的重复观察，节省学时，又可以使学生的知识融会贯通，更好地理解人体是一个统一的有机体。在组织学实验部分，打破基本组织与器官系统的截然界限，把基本组织的若干内容融合到相关的器官系统中。胚胎学实验部分，把各个系统的发生融合到一起观察，有利于学生理解各个器官系统在发生的时间和空间上的关系。

每个单元开始先提出与实验密切相关的思考题，便于学生带着问题去预习和观察思考，也有利于开展"以问题为基础的教学（PBL）"和"问题—讨论—指导的教学（PDG）"。

每张标本观察之后附有镜下绘图指导，指明绘图重点，标注结构名称，有利于学生做重点观察和较好地完成实验报告。

每个单元之后附有主要的英文词汇，便于学生重点掌握，也便于开展双语教学。

书末附有组织学标本复习要点、思考题参考答案，便于学生有重点地复习标本，并附组织学与胚胎学模拟试题2套和参考答案，便于学生复习。

本实验教程列出的内容，在实际上课时根据不同专业会有一些调整，有些可能不观察，有些只是示教，有些内容要合并。因此要配合教学大纲和教学计划使用本实验指导。

由于我们水平有限，尤其是部分打破了理论教材章节的限制，这还是首创，肯定存在若干不足之处，请各位教师和同学在使用过程中提出宝贵意见，以便再版时修正。

川北医学院组织学与胚胎学教研室　黄安培
2010年5月

目　　录

第 1 章　组织学与胚胎学基本实验技能 ·· 1
第 2 章　上皮组织（epithelial tissue） ··· 4
第 3 章　固有结缔组织（connective tissue proper） ··································· 8
第 4 章　软骨和骨（cartilage and bone） ·· 12
第 5 章　血液（blood） ·· 17
第 6 章　肌组织（muscle tissue） ·· 21
第 7 章　神经组织（nervous tissue） ·· 25
第 8 章　循环系统（circulatory system） ··· 30
第 9 章　免疫系统（immune system） ·· 35
第 10 章　消化管（digestive tract） ··· 40
第 11 章　消化腺（digestive gland） ·· 46
第 12 章　呼吸系统（respiratory system） ··· 51
第 13 章　泌尿系统（urinary system） ··· 55
第 14 章　男性生殖系统（male reproductive system） ································ 60
第 15 章　女性生殖系统（female reproductive system） ······························ 64
第 16 章　皮肤（skin） ·· 70
第 17 章　内分泌系统（endocrine system） ··· 74
第 18 章　眼和耳（eye and ear） ··· 78
第 19 章　人体胚胎学总论（general embryology of human） ······················· 83
第 20 章　主要器官系统的发生 ·· 87
附录 1　组织学标本复习要点 ·· 90
附录 2　思考题参考答案 ·· 92

第1章　组织学与胚胎学基本实验技能

一、目的要求

1. **掌握**　显微镜的正确使用方法；观察显微镜标本的注意事项；镜下绘图方法。
2. **熟悉**　实验课前的准备工作；实验室规则。
3. **了解**　石蜡切片和 HE 染色标本的制作方法。

二、实验课前的准备工作

1. 根据教学进度表，明确每次实验课的实验项目。
2. 必须很好地复习与实验课相关的理论课内容。
3. 必须预习实验教程，了解实验课要观察的内容以及主要结构的位置、形态特点等。
4. 必须准备好工作服、教材、实验教程、笔记、实验报告纸和绘图用具等。
5. 实验开始前还需准备好显微镜和标本等。

三、实验室规则

1. 进入实验室必须衣着整洁，并且穿好工作服。
2. 按时上下课，不得迟到早退和无故缺席。
3. 室内要经常保持整齐、清洁和安静，不得谈笑喧哗，走路要轻，不得随地抛弃纸屑等废物。
4. 随时要注意桌面整齐清洁。桌面的左边放显微镜和标本盒，右边放学习用具和绘图用具，其他东西一律放在抽屉和柜子里。
5. 爱护公物，不得擅自移换和拆卸显微镜。公物用后归还原处，如遇损坏，必须及时报告教师。
6. 爱护标本和模型，防止损坏和遗失。实验时，标本不得乱放，以防损坏；实验结束后，务必记住把显微镜上的标本取下来，以免遗失。
7. 实验过程中要对照实验教程、理论教材和图谱，一边观察、一边思考，务必达到实验的目的要求，同时必须能正确回答实验教程上的思考题。
8. 实验结束后，应打扫清洁，关好水电门窗。

四、显微镜的正确使用方法

1. 认清低倍物镜、高倍物镜和油镜，掌握各镜头的转换规律。
2. 认清粗调节轮、微调节轮及其旋转方向。
3. 看镜时，身体坐正，左眼观察，右眼看实验教程，并记录和绘图等。
4. **对光**　注意打开光栏，升高聚光镜，仔细拨动反光镜，务必使整个视野明亮均匀。
5. 放置标本时，务必正面朝上。
6. **观察顺序**　肉眼—低倍—高倍，必要时再用油镜，不能一开始就用高倍镜或油镜。

特别强调多用低倍镜，因低倍镜视野广而清晰，便于观察组织和器官的一般特征。实验课内容中只有观察血涂片才用油镜，其他一律不用油镜，油镜的使用方法在观察血涂片时介绍。

7. 若发现镜头不干净，禁用口吹和手抹，要用所发的拭镜纸擦拭，必要时可用拭镜纸蘸少量二甲苯或酒精擦拭，再用干拭镜纸擦净。

五、观察显微镜标本的注意事项

1. 复习理论，掌握特点。

2. 先观察标本整体，再观察局部，寻找典型结构。

3. 理解立体和切面的关系。理论课一般以全面和立体的观点讲解，但在切片上却只能看到某一个切面的图像。由于切片位置和方向不同，同一结构在不同的切面看到的图像也会不同，因此要善于运用空间思维能力，从立体结构理解切面图像，再将切面图像还原为立体结构。

4. 理解结构和功能的关系。同一器官生理状态不同，其表现的形态会有差异，如甲状腺滤泡上皮细胞在功能活跃时细胞变高，功能不活跃时变矮。

5. 注意标本的取材和染色方法。有些标本取材于动物，其形态结构与人的可能不完全一致。同一标本的染色方法不同，会出现不同的颜色，如细胞核 HE 染色时呈紫蓝色，而用碱性复红染色却呈红色。

6. 注意标本中的人工假象。制片和染色过程中可能会出现标本的皱缩、裂隙、刀痕、染料残渣等，有的标本时间长了会有不同程度的褪色等，在观察时都应加以识别。

六、镜下绘图方法

1. 必须先充分理解和看懂整个标本，然后按要求绘图。

2. 主题内容应尽量选择比较齐全和比较典型的形态结构，并将其置于视野中央。

3. 一般用红色和紫蓝色铅笔绘图，画的形态结构和色彩应忠实于镜下形态，禁止照书本画图。

4. 画毕，校对图与镜下结构无误后，用黑色铅笔画平行直线标出各结构名称，标线和注字一律在图的右边，注字必须规整，上下对齐。在图的上方标明实验名称，图的下方标明主题内容、标本取材、染色和放大倍数。

七、石蜡切片和 HE 染色标本制作方法简介

1. 取材　材料越新鲜越好，一般应在致死后不超过 6 个小时；材料的长宽高一般不超过 0.5 厘米。

2. 固定　常用 10% 甲醛（又称福尔马林）固定 24 小时。然后用流水冲洗以洗去固定剂。固定的目的是防止腐败和自溶，以保持细胞的原有结构。

3. 脱水　经过 70%、80%、90%、95%、100% 乙醇各 6～12 小时。因水与石蜡不能混合，故脱水是为了引进石蜡。

4. 透明　二甲苯中 6～12 小时。

5. 浸蜡　将脱水、透明后的组织块放入熔化的石蜡中，并在温箱中浸泡 1～2 小时。

6. 包埋　将温热的石蜡自温箱中取出，使组织块凝固其中。包埋的目的是用石蜡给

组织适当的硬度,以便于切片。

7. 切片　将含有组织的石蜡块用切片机切成厚约 5～8 微米的薄片。

8. 贴片　将切好的组织薄片在温水中展开,然后贴在涂有蛋白甘油的载玻片上,并在温箱中烤干。

9. 染色　将切片依次放入。

（1）二甲苯中 10 分钟脱蜡。

（2）100%、95%、90%、80%、70% 乙醇,蒸馏水中各 2 分钟水化。

（3）苏木素水溶液中 5～10 分钟,主要是使细胞核染成紫蓝色。

（4）盐酸乙醇分色数秒钟,使细胞质上颜色消失。

（5）流水洗数分钟以除去余酸,再入蒸馏水中顷刻。

（6）入 70%、80%、90% 乙醇中各 2 分钟。

（7）入 90% 乙醇伊红中 2～3 分钟,使细胞质染成红色。

（8）95% 乙醇中分色,至无红色从组织上脱下为止。

（9）100% 乙醇中 2 分钟。

（10）二甲苯中 20 分钟。

10. 封藏　标本自二甲苯中取出后,滴入树胶,然后盖上盖玻片,待干后即可观察并长期保存。

染色结果:细胞核染成紫蓝色,细胞质及细胞外基质一般染成粉红色。

八、英文词汇

histology　组织学
embryology　胚胎学
tissue　组织
extracellular matrix　细胞外基质
acidophilia　嗜酸性
basophilia　嗜碱性

九、思　考　题

1. 实验课前必须做好哪些准备工作?
2. 实验课中你怎样保证不损坏和遗失标本?
3. HE 染色的标本可看到细胞的哪些结构?各被什么染料染色?染成什么颜色?是嗜酸性还是嗜碱性?

十、本章小结

组织学与胚胎学是实践性很强的医学基础课程,通过实验课的培训,不仅加深学生对理论知识的认识和理解,同时还能提高学生动手操作以及分析和解决问题的实践能力。学生上实验课必须具备组织学与胚胎学的基本实验技能,主要包括以下几个方面:实验课前必须做好充分的准备工作;进入实验室必须遵守实验室规则;实验课中必须正确使用显微镜,掌握观察显微镜标本的注意事项以及显微镜下绘图方法;同时还必须了解石蜡切片和 HE 染色标本的制作方法。

（文晓红　杜巳萍）

第 2 章 上皮组织（epithelial tissue）

一、目的要求

1. **掌握** 单层扁平上皮、单层柱状上皮和未角化的复层扁平上皮的形态结构。
2. **熟悉** 单层立方上皮和假复层纤毛柱状上皮的形态结构。
3. **了解** 变移上皮的结构特点。

二、观察标本

（一）单层扁平上皮（simple squamous epithelium）和单层立方上皮（simple cuboidal epithelium）

【片号】
【取材】 肾切片。
【染色】 HE 染色。
【肉眼观察】 标本近似扇形，微凸的弧面为肾表面，靠近表面着色较深的一部分为肾皮质，其深面着色较浅的部分为肾髓质。
【低倍镜观察】 移动标本，全面观察，找到肾皮质：肾皮质内的标志性结构是许多散在分布的球团状结构，即肾小体，这就是我们观察的目标。肾小体中央为密集的细胞团构成的血管球，血管球周围有一腔叫肾小囊腔，腔的外侧壁即肾小囊壁层，由<u>单层扁平上皮</u>构成。肾小体周围大量圆形或椭圆形的管道断面，为肾小管，管壁由<u>单层立方上皮</u>构成。选一囊腔清楚的肾小体移至视野的中央，换用高倍镜观察。

【高倍镜观察】

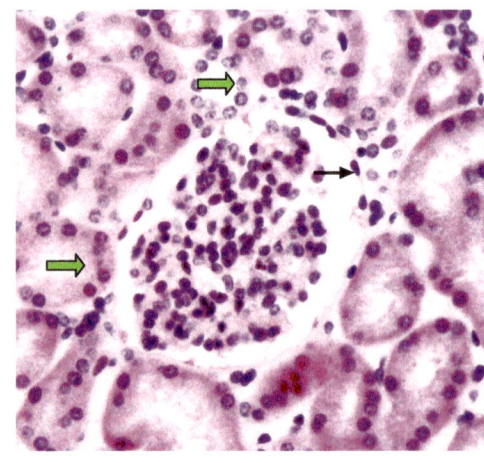

图 2-1 单层扁平上皮和单层立方上皮
（肾切片，HE，高倍）
↑单层扁平上皮；⇧单层立方上皮

1. 单层扁平上皮 肾小囊壁层由单层扁平上皮构成，我们看到的是单层扁平上皮的侧面观，呈环形，包在肾小体的外表面。上皮很薄，细胞间分界不清；细胞质染成粉红色，连成细线状；细胞核呈椭圆形，染成紫蓝色，凸向肾小囊腔（图 2-1）。

2. 单层立方上皮 肾小管上皮细胞一般呈立方形，胞核圆，位于细胞中央，染成紫蓝色；胞质呈粉红色（图 2-1）。

【高倍镜下绘图】
名称：单层扁平上皮和单层立方上皮。
标注：单层扁平上皮，游离面，基底面，扁平细胞；单层立方上皮，游离面，基底面，立方细胞。

· 4 ·

（二）单层柱状上皮（simple columnar epithelium）

【片号】

【取材】 回肠切片。

【染色】 HE 染色。

【肉眼观察】 回肠切片为长条形或环形，起伏不平、染成蓝色的一面为回肠腔面，是显微镜下重点观察的部位。

【低倍镜观察】 在回肠的腔面可见许多指状突起，即小肠绒毛。每一个绒毛的表面被覆的上皮即单层柱状上皮，绒毛内部主要是疏松结缔组织。上皮细胞紧密排列成一层，界限不清；大多数细胞核排列在一个平面上，呈长椭圆形，位于细胞基底部，染成紫蓝色；细胞质染成粉红色（图 2-2）。选取上皮细胞排列整齐的部位换用高倍镜观察。

【高倍镜观察】 单层柱状上皮主要由两种细胞组成，即柱状细胞和杯状细胞。柱状细胞之间可见一些空泡状的细胞即是杯状细胞（图 2-3）。

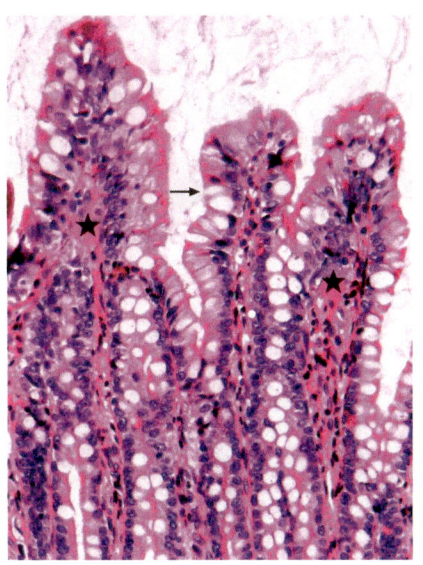

图 2-2 单层柱状上皮
（回肠切片，HE，低倍）

↑单层柱状上皮；★绒毛中轴结缔组织

1. 柱状细胞 数量最多。从切面看细胞呈柱状，细胞核呈椭圆形，位于基底部，细胞质染成粉红色。在柱状细胞游离缘可见一条粉红发亮的带状结构，即纹状缘。

2. 杯状细胞 散在于柱状细胞之间。细胞呈高脚酒杯状，顶端圆形较大，底部细窄。顶端细胞质呈空泡状（其内的分泌颗粒在制片过程中被溶解所致）；细胞核呈三角形，位于基底部，染色较深。

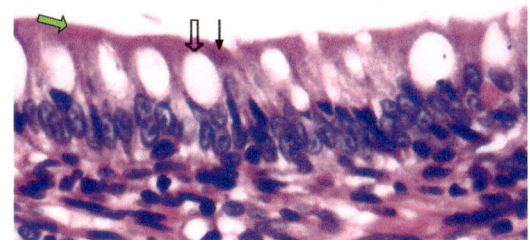

图 2-3 单层柱状上皮（回肠切片，HE，高倍）

↑柱状细胞；⇑杯状细胞；↑纹状缘

【高倍镜下绘图】

名称：单层柱状上皮。

标注：单层柱状上皮，游离面，基底面，柱状细胞，纹状缘，杯状细胞。

（三）未角化的复层扁平上皮（non-keratinized stratified squamous epithelium）

【片号】

【取材】 食管切片。

【染色】 HE 染色。

【肉眼观察】 标本呈凹凸不平的一面为食管腔面，沿腔面染深蓝色的部位为未角化的复层扁平上皮，是显微镜下重点观察的结构。

【低倍镜观察】 未角化的复层扁平上皮较厚，由多层细胞组成，各层细胞形态各异。上皮基部与深层结缔组织交界处凹凸不平，可见呈粉红色细线状的基膜，紧靠基膜下方的是薄层结缔组织。

【高倍镜观察】 上皮细胞大致可分为三层（图2-4）。

1. 基底层 为一层低柱状细胞，细胞较小，较整齐地排列在基膜上；胞核椭圆形，位于细胞基部，染色较深；胞质嗜碱性，染成紫蓝色。

2. 中间层 基底层上面的几层多边形细胞，胞体较大，细胞界限较清楚；胞核圆，深染；胞质弱嗜碱性，染色较浅。

3. 浅层 位于上皮的最表面，为若干层扁平细胞，呈鳞状排列；核呈扁平或梭形，染色深。

【高倍镜下绘图】
名称：未角化的复层扁平上皮。
标注：未角化的复层扁平上皮，游离面，基底面，上皮基底层，上皮中间层，上皮浅层。

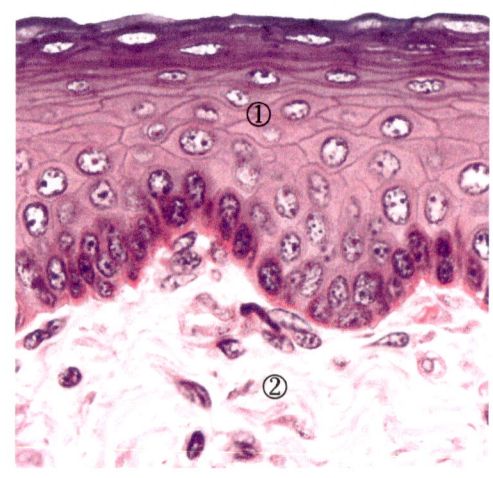

图 2-4 未角化的复层扁平上皮（食管切片，HE，高倍）
①未角化的复层扁平上皮；②疏松结缔组织

三、示　教

（一）假复层纤毛柱状上皮（pseudostratified ciliated columnar epithelium）

【取材】 气管切片。
【染色】 HE染色。
【高倍镜观察】 气管腔面由假复层纤毛柱状上皮覆盖。上皮的游离面有纤毛，呈粉红色的细丝。细胞高矮不一，细胞核排列在不同高度，像复层上皮。

（二）变移上皮（transitional epithelium）

【取材】 膀胱切片。
【染色】 HE染色。
【高倍镜观察】 变移上皮由数层细胞组成，细胞间界限清楚。表层细胞（盖细胞）较大，呈立方形或低柱状，常有1～2个细胞核，位于细胞中央；胞质嗜酸性，染成粉红色，游离面一侧的胞质浓缩而染成深红色，称壳层。

四、电镜照片

【SEM照片】 示纤毛和微绒毛的形态。

五、英文词汇

epithelial tissue　上皮组织
intercellular substance　细胞外基质
simple squamous epithelium　单层扁平上皮
endothelium　内皮
mesothelium　间皮
simple cuboidal epithelium　单层立方上皮

simple columnar epithelium　单层柱状上皮
pseudostratified ciliated columnar epithelium
　假复层纤毛柱状上皮
stratified squamous epithelium　复层扁平上皮
transitional epithelium　变移上皮
microvillus　微绒毛
cilium　纤毛
tight junction　紧密连接
intermediate junction　中间连接
desmosome　桥粒
gap junction　缝隙连接
basement membrane　基膜
scan electron microscope photograph　扫描电镜照片，SEM 照片

六、思 考 题

1. 如何根据上皮的分布和结构特点在器官的切片中找到上皮组织？

2. 在 HE 染色的切片上如何区别假复层纤毛柱状上皮、未角化的复层扁平上皮和变移上皮？

七、本章小结

上皮组织由大量排列紧密的上皮细胞和极少量的细胞外基质组成。上皮组织有极性，即上皮细胞有游离面、基底面和侧面，游离面有微绒毛和纤毛，基底面有基膜、质膜内褶和半桥粒，侧面有紧密连接、中间连接、桥粒和缝隙连接等特殊结构。上皮组织内大多无血管。上皮组织具有保护、吸收、分泌和排泄等功能。主要分为被覆上皮和腺上皮两大类。被覆上皮主要覆盖于人体外表面或体内有腔器官的腔面；根据上皮细胞的层数和浅层细胞的形状，被覆上皮可分为单层扁平上皮、单层立方上皮、单层柱状上皮、假复层纤毛柱状上皮、复层扁平上皮和变移上皮。腺上皮是由腺细胞组成的以分泌功能为主的上皮；以腺上皮为主要成分构成的器官称为腺，分为外分泌腺和内分泌腺。

（彭　彬）

第3章 固有结缔组织（connective tissue proper）

一、目 的 要 求

1. 掌握 疏松结缔组织的组成及形态结构。
2. 熟悉 致密结缔组织和脂肪组织的形态结构。
3. 了解 网状组织的形态结构。

二、观 察 标 本

（一）疏松结缔组织（loose connective tissue）

【片号】
【取材】 食管切片。
【染色】 HE 染色。
【肉眼观察】 此标本在观察未角化的复层扁平上皮时已用过，用同样的方法找到染色深、凹凸不平的食管腔面。
【低倍镜观察】 食管腔面染成深蓝色、较厚的部位为未角化的复层扁平上皮，上皮深面染成浅红色的结构即为疏松结缔组织（图3-1）。
【高倍镜观察】 疏松结缔组织内可见排列松散、呈粉红色丝条状的胶原纤维，因其排列方向不一，可见有横、斜、纵不同的断面。纤维之间可见许多散在分布的紫蓝色的细胞核，但不易分辨细胞的类型，从组织结构特点判断，多数是成纤维细胞的细胞核（图3-2）。

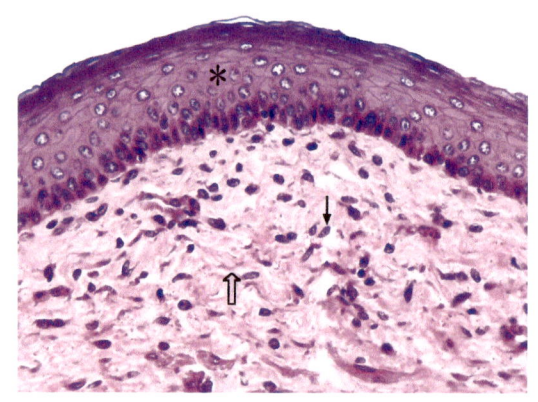

图3-1 疏松结缔组织（食管切片，HE，低倍）
↑成纤维细胞；⇧胶原纤维；＊复层扁平上皮

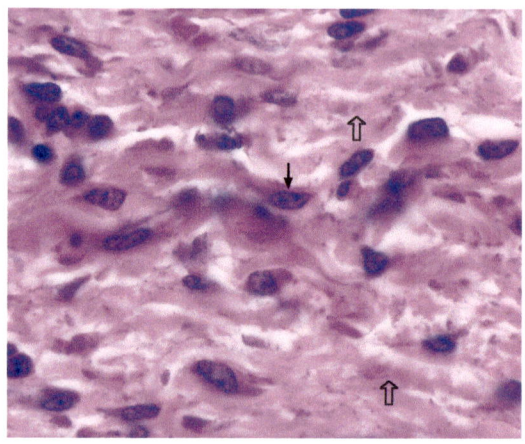

图3-2 疏松结缔组织（食管切片，HE，高倍）
↑成纤维细胞；⇧胶原纤维

【高倍镜下绘图】

名称：疏松结缔组织。

标注：疏松结缔组织，胶原纤维，成纤维细胞核。

（二）疏松结缔组织铺片

【片号】

【取材】 大白鼠台盼蓝注射后取皮下组织铺在载玻片上。

【染色】 醛复红和伊红复合染色，有的标本经苏木素复染。

【低倍镜观察】 由于标本是手工铺成，故厚薄不一。选择标本较薄处观察，可见许多交叉成网的纤维和散在于纤维之间的细胞，纤维和细胞之间的间隙为无定形的基质所充填。

【高倍镜观察】

1. 胶原纤维 粉红色，较粗，直行或波浪状，交叉排列。有时可见纤维内有更细的纵纹即是胶原原纤维（图 3-3）。

2. 弹性纤维 紫蓝色，细丝状，彼此交叉成网，由于弹性回缩末端常卷曲（图 3-3）。

3. 成纤维细胞 数量较多。胞体大，轮廓不清。核较大，呈椭圆形，染成粉红色（经苏木素复染的标本细胞核呈紫蓝色）。细胞核外隐约可见浅粉红色的胞质，但很多细胞的胞质看不见，而仅看见一个椭圆形的细胞核（图 3-3）。

4. 巨噬细胞 细胞核较小、较圆，染成深红色（经苏木素复染的标本细胞核呈紫蓝色）。细胞质中有很多蓝色的吞噬颗粒。

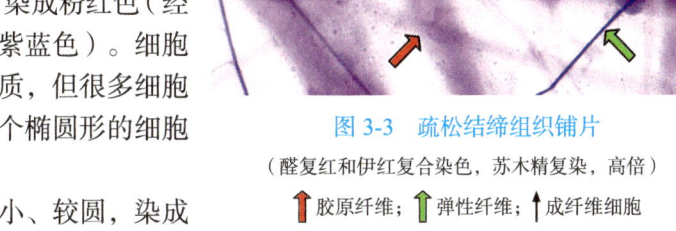

图 3-3 疏松结缔组织铺片

（醛复红和伊红复合染色，苏木精复染，高倍）

↑胶原纤维；↑弹性纤维；↑成纤维细胞

【高倍镜下绘图】

名称：疏松结缔组织铺片。

标注：胶原纤维，弹性纤维，成纤维细胞，巨噬细胞，基质。

三、示 教

（一）浆细胞（plasma cell）

【取材】 疏松结缔组织切片。

【染色】 HE 染色。

【高倍镜观察】 细胞呈卵圆形；核圆形，位于细胞一端，染色质呈粗块状沿核膜放射状分布，故细胞核呈车轮状；胞质嗜碱性，在胞核附近有浅染区。

（二）肥大细胞（mast cell）

【取材】 疏松结缔组织铺片。

【染色】 甲苯胺蓝染色。

【高倍镜观察】 胞体呈椭圆形；胞核也呈椭圆形，位于细胞中央，不染色；胞质内充满了大小一致、分布均匀的紫色颗粒。

（三）规则的致密结缔组织（regular dense connective tissue）

【取材】 肌腱纵切面。
【染色】 HE 染色。
【高倍镜观察】 红色的胶原纤维束平行排列，纤维束间的成纤维细胞（腱细胞）也成行排列。

（四）不规则的致密结缔组织（irregular dense connective tissue）

【取材】 皮肤切片。
【染色】 HE 染色。
【高倍镜观察】 皮肤的真皮为不规则的致密结缔组织。可见其内胶原纤维束呈许多大小不等、形状不规则、排列紧密、纵横交错的粉红色条块状结构；纤维束间有各种形状的细胞核，主要是成纤维细胞的细胞核。

（五）脂肪组织（adipose tissue）

【取材】 皮肤切片。
【染色】 HE 染色。
【高倍镜观察】 在皮肤的皮下组织内，可见大量脂肪细胞被疏松结缔组织分隔成群而形成的脂肪组织。脂肪细胞呈空泡状，细胞核扁，位于细胞边缘。

（六）网状组织（reticular tissue）

【取材】 淋巴结切片。
【染色】 硝酸银染色，伊红复染。
【高倍镜观察】 棕黑色丝状结构为网状纤维，粗细不等，弯曲走行，有分支并吻合成网。网状细胞染成粉红色，呈星形多突状，突起互相连接成网；细胞核圆，在此标本看不清。

四、电镜照片

【SEM 照片】 示正在吞噬红细胞的巨噬细胞。
【TEM 照片】 示胶原纤维、成纤维细胞、巨噬细胞、肥大细胞和浆细胞的超微结构。

五、英文词汇

connective tissue 结缔组织
loose connective tissue 疏松结缔组织
fibroblast 成纤维细胞
macrophage 巨噬细胞
plasma cell 浆细胞
mast cell 肥大细胞
fat cell 脂肪细胞
collagenous fiber 胶原纤维
elastic fiber 弹性纤维
reticular fiber 网状纤维
ground substance 基质
transmission electron microscope photograph 透射电镜照片，TEM 照片

六、思 考 题

在铺片上可看到疏松结缔组织的哪些纤维？哪些细胞？各有何特点？

七、本章小结

结缔组织由少量细胞和大量细胞外基质组成。广义的结缔组织分为固有结缔组织、血液、软骨组织和骨组织。固有结缔组织分为疏松结缔组织、致密结缔组织、脂肪组织和网状组织。疏松结缔组织的细胞种类较多，其中数量最多、分布最广的是成纤维细胞，具有合成纤维和基质的功能；在机体慢性炎症部位较多见的细胞是巨噬细胞、浆细胞和淋巴细胞，起防御和保护的作用。疏松结缔组织内有胶原纤维、弹性纤维和网状纤维，胶原纤维韧性好、抗拉力强，弹性纤维富有弹性，和胶原纤维交织在一起，使疏松结缔组织既有弹性又有韧性。基质是由蛋白聚糖和纤维粘连蛋白等生物大分子构成的无定形、无色透明的胶状物，孔隙中含有组织液；蛋白聚糖形成具有防御屏障功能的分子筛。

（彭　彬）

第4章 软骨和骨（cartilage and bone）

一、目的要求

1. 掌握　密质骨和透明软骨的组成和结构。
2. 熟悉　骨发生的过程及各阶段的结构特点。
3. 了解　弹性软骨和纤维软骨的结构特点。

二、观察标本

（一）透明软骨（hyaline cartilage）

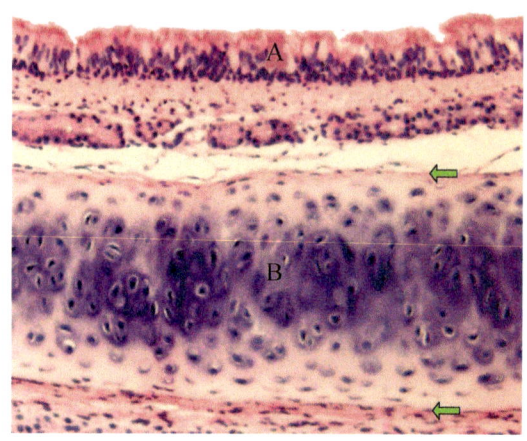

图4-1　透明软骨（气管切片，H.E，低倍）
A.假复层纤毛柱状上皮；B.透明软骨；↑软骨膜

【片号】
【取材】　气管切片。
【染色】　HE染色。
【肉眼观察】　气管壁呈环形，管壁中层有一着浅蓝色的带状区域即为透明软骨。
【低倍镜观察】　透明软骨由软骨组织和周围的软骨膜构成（图4-1）。

1. 软骨膜　可见软骨两面均有着红色的软骨膜，由致密结缔组织构成，分为内、外两层：外层细胞小，纤维多且排列紧密；内层纤维少且排列稀疏，含骨祖细胞。

2. 软骨组织　主要由软骨细胞和软骨基质构成。

（1）软骨基质：由纤维和基质组成。呈均质状，染成蓝色，硫酸软骨素含量越多的地方蓝色越深，含量越少的地方蓝色越浅。软骨基质内看不到纤维（为什么？）。注意软骨组织内有无血管。

（2）软骨细胞：软骨基质内有大小不等的腔隙，即软骨陷窝，内装软骨细胞。靠近软骨边缘的软骨细胞较小，呈梭形，单独存在；越近软骨中央细胞越大，并逐渐变为椭圆形和圆形，有时可见2～4个软骨细胞挨在一起，即为同源细胞群，是软骨细胞分裂的结果。包绕软骨细胞周围的新生软骨基质含硫酸软骨素较多，染色较深，切片中多呈环形，称软骨囊。

【高倍镜观察】　软骨细胞核呈球形，染成蓝色；胞质弱嗜碱性，生活状态时软骨细胞充满整个软骨陷窝，但制片时由于胞质收缩使胞体呈不规则形，胞体与软骨囊之间露出空白的软骨陷窝（图4-2）。

【高倍镜下绘图】
名称：透明软骨。
标注：软骨膜；软骨基质，软骨陷窝，软骨囊，软骨细胞，同源细胞群。

（二）密质骨（compact bone）

【片号】

【取材】 人指骨骨干横切片。

【染色】 硫堇-苦味酸染色。

【低倍镜观察】 骨的外表面较整齐，有几层与骨外表面平行的外环骨板，但因切片较厚，往往不易看清。内表面有几层与骨髓腔面平行排列的内环骨板，较薄而不规则，也不易看清。内外环骨板之间有许多呈同心圆排列的哈弗斯骨板。哈弗斯骨板的中央有一小管为中央管，其内有血管、神经、淋巴管穿行，染成棕黑色，如这些结构制片时脱落了，则中央管呈空白状。哈弗斯骨板和中央管一起称为骨单位。骨单位之间以及骨单位与内外环骨板之间充填许多弧形的或不规则的骨板，称间骨板。在骨板内或骨板间可见一些梭形的棕黑色小点或无色亮点，即是骨陷窝（图4-3）。

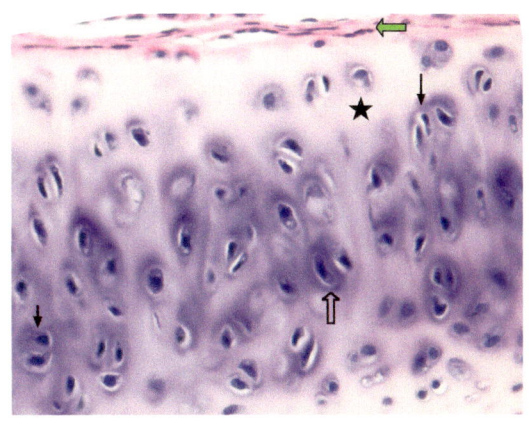

图4-2 透明软骨（气管切片，H.E，高倍）

★软骨基质；↑同源细胞群；⇧软骨囊；⇧软骨膜

标本中还可见一些斜行或横行的管道，连接于中央管之间，这就是穿通管（福克曼管），也是血管、神经的通道（图4-3）。

【高倍镜观察】 骨陷窝呈椭圆形，向四周放射状发出许多棕黑色细丝状结构，为骨小管（内装什么？）（图4-4）。

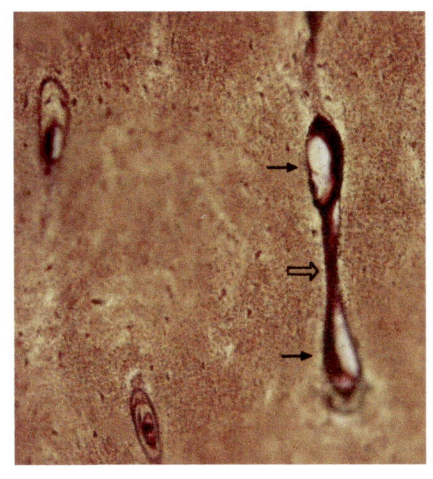

图4-3 密质骨（人指骨骨干横切片，硫堇-苦味酸染色，低倍）

↑中央管；⇨穿通管

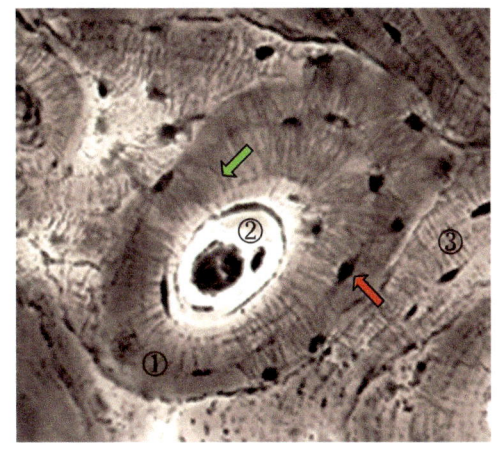

图4-4 密质骨（人指骨骨干横切片，硫堇-苦味酸染色，高倍）

①骨单位；②中央管；③间骨板；⇧骨小管；⇧骨陷窝

【高倍镜下绘图】

名称：密质骨。

标注：骨单位，中央管，哈弗斯骨板；骨陷窝，骨小管；间骨板；穿通管。

(三)长骨的发生

【片号】
【取材】 胎儿指骨脱钙后纵切片。
【染色】 HE 染色。
【肉眼观察】 染成紫蓝色膨大的一端为骨骺端,粉红色细长的部分为骨干。
【低倍镜观察】 骨骺端为透明软骨,中央有一染色较红的区域,为次级骨化中心,其内可见血管和血细胞。由骨骺端开始向骨干中央部分逐渐移动切片,仔细观察,依次可分辨出软骨性骨发生的四个阶段(图 4-5):

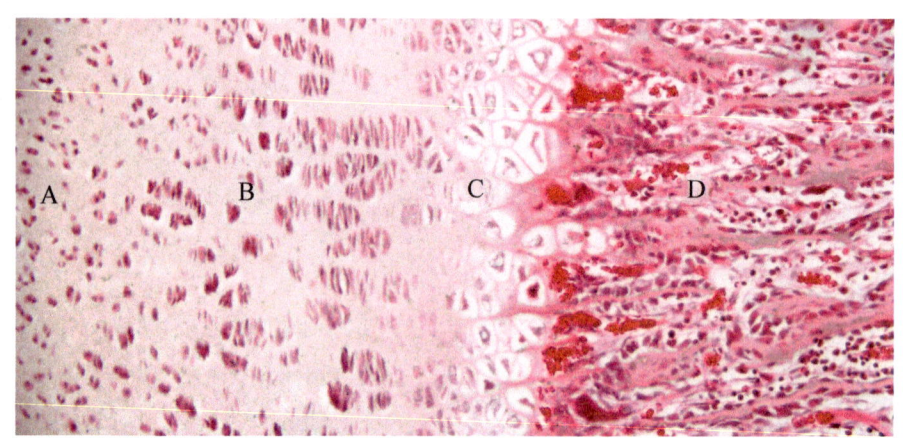

图 4-5 长骨的发生(胎儿指骨脱钙后纵切片,H.E,低倍)
A.软骨储备区;B.软骨增生区;C.软骨钙化区;D.成骨区

1. 软骨储备区 在骨骺端接近关节面的部分,为典型的透明软骨组织。软骨细胞小,散在于软骨基质中的软骨陷窝内。

2. 软骨增生区 增生的软骨细胞体积增大,呈扁平形,并形成三五成群的同源细胞群,后者呈长串状,沿骨干长轴成行排列。

3. 软骨钙化区 此区范围较窄。可见软骨细胞肥大,核固缩,逐渐退化死亡;软骨陷窝膨大,有的陷窝已无软骨细胞,而成空腔;软骨基质因钙盐的沉着而呈深蓝色。

4. 成骨区 当切片移至红蓝交界处,可见此处犬牙交错,边缘不整齐,此为骨开始形成的区域。由于钙化的软骨基质被破坏,形成大小不一、形态不规则的腔隙,即初级骨髓腔,其内充填着骨髓。成骨细胞成单行排列在残存的钙化软骨基质表面,并形成粉红色的骨组织,骨组织内可见骨陷窝。由残存的钙化软骨基质和表面的骨组织一起构成过渡型骨小梁。

骨干外表面为致密结缔组织构成的骨膜,骨膜下染成红色的骨组织为骨领,骨领内外表面可见单行排列的成骨细胞。

【高倍镜观察】
1. 成骨细胞 成单行排列在骨小梁表面。立方或低柱状。胞质嗜碱性(图 4-6)。
2. 破骨细胞 位于骨小梁凹陷处的表面,单个存在。胞体大,圆形或椭圆形。细胞内有多个紫蓝色的细胞核，位于细胞中央；胞质嗜酸性，染成红色（图4-6）。

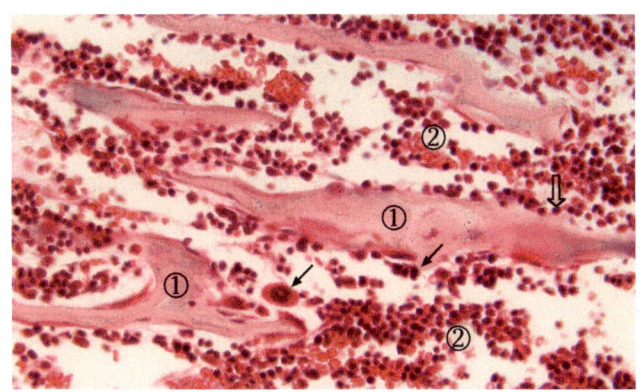

图4-6 长骨的发生（胎儿指骨脱钙后纵切片，H.E，高倍）
①过渡型骨小梁；②初级骨髓腔；↘破骨细胞；⇓成骨细胞

【低倍镜下绘图】
　名称：长骨的发生。
　标注：次级骨化中心，软骨储备区，软骨增生区，软骨钙化区，成骨区，软骨细胞，软骨陷窝，初级骨髓腔，骨小梁，成骨细胞，破骨细胞，骨领，骨膜。

三、示　　教

（一）弹性软骨（elastic cartilage）

【取材】　人的耳廓切片。
【染色】　碘-铁苏木素染色。
【低倍镜观察】　软骨细胞的形态和排列与透明软骨相似，软骨基质内有大量排列不规则的弹性纤维，染成黑色。

（二）纤维软骨（fibrous cartilage）

【取材】　人椎间盘切片。
【染色】　HE染色。
【低倍镜观察】　软骨基质内有大量粗大成束的胶原纤维，纤维束平行或交叉排列。软骨陷窝位于胶原纤维束之间，成行或散在分布，数量较少，软骨囊不明显。软骨细胞较小，同源细胞群少见。

四、电镜照片

【TEM照片】　示透明软骨、骨细胞和破骨细胞的超微结构。

五、英文词汇

chondrocyte　软骨细胞　　　　　　　cartilage matrix　软骨基质
cartilage lacuna　软骨陷窝　　　　　　cartilage capsule　软骨囊

osseous tissue　骨组织
bone matrix　骨基质
osteoid　类骨质
osteoblast　成骨细胞
osteocyte　骨细胞
bone lacuna　骨陷窝
bone canaliculus　骨小管
osteoclast　破骨细胞
osteon　骨单位
central canal　中央管
interstitial lamella　间骨板
intramembranous ossification　膜内成骨
endochondral ossification　软骨内成骨

六、思 考 题

1. 试比较透明软骨、弹性软骨和纤维软骨在光镜结构上的异同。

2. 骨陷窝、骨小管、中央管和穿通管内各装的什么结构？

3. 在长骨发生切片上，如何根据其形态结构特点来划分长骨纵向生长过程中所形成的四个区？

七、本 章 小 结

软骨组织由软骨细胞和软骨基质构成，软骨基质包括纤维和基质。根据软骨基质所含纤维的不同，软骨可分为三类：透明软骨（含胶原原纤维）、弹性软骨（含弹性纤维）和纤维软骨（含胶原纤维）。骨组织由骨基质和数种细胞构成。骨基质分为有机成分和无机成分，有机成分包括大量胶原纤维和少量无定形基质，二者使骨既坚硬又有韧性。骨密质中骨板的排列方式有环骨板、骨单位和间骨板三种，其中，骨单位是长骨骨干的基本结构单位。骨的发生有膜内成骨和软骨内成骨两种方式。骨的加长是通过骺板软骨组织的不断生长并被骨组织替换而实现，从骨骺端到骨干出现四个动态变化的区带：软骨储备区、软骨增生区、软骨钙化区和成骨区。

（彭　彬）

第5章 血液（blood）

一、目的要求

1. **掌握** 红细胞、白细胞和血小板的形态结构。
2. **熟悉** 网织红细胞的形态结构特点。
3. **了解** 油镜的使用方法。

二、观察标本

（一）血液（blood）

【片号】

【取材】 人血涂片。

【染色】 Wright 染色。

【低倍镜观察】 涂片中可见许多染成红色（未滴油时为黑色）、无核的细胞，即为红细胞，散在于红细胞之间有少量核被染成紫蓝色的白细胞。选择涂片薄、白细胞较多处转高倍镜观察。

【高倍镜观察】 红细胞无核，数量多；白细胞有核，数量少。将白细胞移至视野中央油镜下观察。

【油镜观察】 移开高倍镜头，正对光栏孔滴 1～2 滴香柏油（镜油）于涂片上，将油镜头（×100 的物镜头）转换过来，左右转动一下油镜头，使镜油与油镜头充分接触，仔细调节微调节轮，使物像清晰。然后一边移动标本，一边辨认红细胞、白细胞及血小板，并掌握各种血细胞的形态结构特征（图 5-1）。

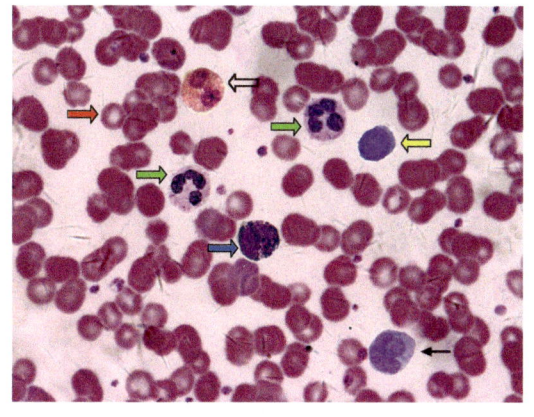

图 5-1 血涂片（Wright 染色，油镜）

↑红细胞；↑中性粒细胞；↑嗜酸性粒细胞；↑嗜碱性粒细胞；↑淋巴细胞；↑单核细胞

1. **红细胞** 数量最多。圆形。无细胞核。胞质嗜酸性染成红色，细胞边缘染色较深，中央染色较浅（为什么？）。

2. **中性粒细胞** 是数量最多的一种白细胞。圆球形，直径较红细胞略大。核染色较深，为紫蓝色，呈杆状或分叶状，每叶核之间有染色质丝相连。胞质染成浅红色，其内可见许多浅红色的细小颗粒。

3. **嗜酸性粒细胞** 数量较少，较难找到。圆球形，较中性粒细胞大。核常为两叶，呈八字形，染色深。胞质内充满粗大的嗜酸性颗粒，大小一致、分布均匀，染成鲜红色，颗粒的折光性较强而发亮，在褪色的标本上颗粒的染色较浅，但仍然发亮。

4. **嗜碱性粒细胞** 数量很少，几乎找不到。细胞呈圆球形，与中性粒细胞差不多大。

核呈 S 形或不规则形，染色较浅，常不易分辨（为什么）。胞质内有大小不等、分布不均的染成紫蓝色的颗粒，细胞边缘颗粒较清楚，中央的颗粒常将胞核掩盖。

5. 淋巴细胞　是数量第二多的白细胞，外周血中以小淋巴细胞数量最多，其体积比红细胞稍大；中淋巴细胞较少。淋巴细胞呈圆形。核大，圆形，核一侧常有一小凹陷，染色深呈紫蓝色，常见一些块状的染色质。胞质很少，仅薄薄的一层包在胞核外面，内含少量的嗜天青颗粒，染成紫蓝色，有时因胞质收缩而看不到胞质窄缘，好像只有一个裸露的细胞核一样。

6. 单核细胞　数量较少。胞体呈圆球形或椭圆形，是血液中体积最大的细胞。核呈肾形、马蹄形或不规则形，偏于细胞的一侧，染色较浅。胞质丰富，染成灰蓝色，内含有淡紫色细小的嗜天青颗粒。

7. 血小板　常成群散布于血细胞之间。呈星形、多角形或椭圆形，大小不等。因血小板仅仅是一些胞质碎块，所以无细胞核，不是严格意义上的细胞。胞质内有细小的紫蓝色颗粒，即血小板颗粒。

观察完毕，用干拭镜纸轻轻擦净标本上的镜油。镜头则先用干拭镜纸擦去镜油，再用二甲苯和干拭镜纸擦拭干净。

【油镜下绘图】
名称：血涂片。
标注：红细胞；中性粒细胞，嗜酸性粒细胞，淋巴细胞，单核细胞；血小板。

（二）HE 染色切片中的血细胞

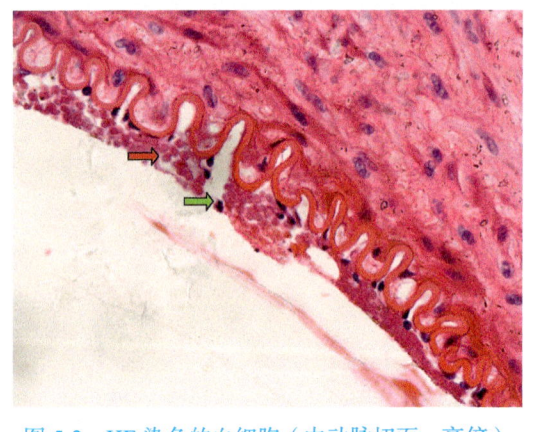

图 5-2　HE 染色的血细胞（中动脉切面，高倍）
↑红细胞；↑白细胞

【片号】
【取材】　中动脉和中静脉横切片。
【染色】　HE 染色。
【低倍镜观察】　标本中有两个或三个管道断面，其中一个管壁厚、管腔较小而圆（也可不圆）的是中动脉，另外一个或两个管壁薄、管腔较大而不规则的是中静脉。在中动脉或中静脉的管腔内可见红色粒状物，因折光较强而发亮，这些红色颗粒即是 HE 染色切片中的红细胞。
【高倍镜观察】　红细胞无核，胞质呈红色，折光较强而有些发亮。红细胞间可见一些有核的白细胞，核染成紫蓝色，但不能分辨是哪一种白细胞（图 5-2）。

【高倍镜下绘图】
名称：HE 染色切片中的血细胞。
标注：红细胞，白细胞；血管内皮，血管壁结缔组织。

三、示　教

（一）网织红细胞（reticulocyte）

【取材】　人血涂片。

【染色】 煌焦油蓝染色。

【油镜观察】 网织红细胞比成熟红细胞略大，无细胞核，但胞质内有紫蓝色细丝或细粒，是由没有消失的核糖体聚集而成的。

（二）嗜碱性粒细胞（basophilic granulocyte）

【取材】 人血涂片。

【染色】 Wright 染色。

【油镜观察】 细胞呈圆形。核呈"S"形或不规则，胞质内有许多大小不一、分布不均的紫蓝色颗粒，有的颗粒遮盖了细胞核。

（三）早幼红细胞

【取材】 人骨髓涂片。

【染色】 Wright 染色。

【油镜观察】 胞体较大，呈圆形。胞核较大，约占胞体的1/2，呈圆形，位于细胞中央，染色质呈粗粒状。胞质强嗜碱性，染成蓝色。

（四）早幼粒细胞

【取材】 人骨髓涂片。

【染色】 Wright 染色。

【油镜观察】 胞体较大，呈圆形。胞核呈卵圆形，约占胞体的1/2，位于细胞中央，染色质呈粗网状。胞质弱嗜碱性，染成浅蓝色。

四、电镜照片

【SEM 照片】 示红细胞、血小板、B 淋巴细胞和 T 淋巴细胞。

【TEM 照片】 示单核细胞、淋巴细胞、中性粒细胞和嗜酸性粒细胞。

五、英文词汇

erythrocyte 红细胞
reticulocyte 网织红细胞
leukocyte 白细胞
neutrophilic granulocyte 中性粒细胞
basophilic granulocyte 嗜碱性粒细胞
eosinophilic granulocyte 嗜酸性粒细胞
monocyte 单核细胞
lymphocyte 淋巴细胞
blood platelet 血小板

六、思 考 题

1. 光镜下如何分辨三种粒细胞？
2. 无粒白细胞分为哪两种，光镜下如何区分？

七、本章小结

血液由血细胞和血浆组成。血细胞包括红细胞、白细胞和血小板。红细胞是数量最多的血细胞，呈双凹圆盘状，无细胞核，无细胞器，胞质内充满血红蛋白（Hb）；未完全成熟的红细胞称网织红细胞，其胞质内尚残留部分核糖体。白细胞数量少，球形，有细胞核；根据胞质内有无特殊颗粒分为有粒白细胞和无粒白细胞，有粒白细胞又分为中性粒细胞、嗜酸性粒细胞和嗜碱性粒细胞，无粒白细胞有单核细胞和淋巴细胞两种，其中中性粒细胞是数量最多的白细胞，单核细胞是血液中体积最大的细胞。血小板是从骨髓巨核细胞脱落下来的胞质小块，呈双凸圆盘状，血涂片上常成群分布，伸出突起，呈不规则形。造血干细胞在特定的微环境和某些因素的调节下，先增殖分化为各类血细胞的祖细胞，然后定向增殖、分化为各种成熟的血细胞。

（马　利）

第 6 章　肌组织（muscle tissue）

一、目的要求

1. **掌握**　光镜下三种肌组织纵、横切面的形态结构。
2. **熟悉**　横纹肌横纹；心肌闰盘。
3. **了解**　骨骼肌器官的组成；肌内膜、肌束膜和肌外膜。

二、观察标本

（一）骨骼肌（skeletal muscle）

【片号】

【取材】　舌切片。

【染色】　HE 染色。

【肉眼观察】　切片凹凸不平的一方为舌背黏膜，切片的中央染成红色，为肌层。

【低倍镜观察】　分清舌背黏膜和骨骼肌。黏膜表面为复层扁平上皮，上皮深面为固有层结缔组织。黏膜的深部为肌层，其中染成红色的为骨骼肌纤维，有纵、横、斜不同切面交错排列。纵切面肌纤维呈长条形，横切面呈圆形或多边形的团块状，斜切面呈椭圆形。肌纤维间有疏松结缔组织填充。选择结构完整、分界清楚的纵、横切面的肌纤维，分别置高倍镜下观察。

【高倍镜观察】

1. **骨骼肌纤维纵切面**　呈长条形。有多个扁椭圆形细胞核，纵向排列在肌纤维边缘，紧贴肌膜内面。调好光线，仔细调节焦距，可见胞质内有许多与肌纤维长轴垂直走向的明暗相间的横纹，即明带和暗带（图6-1）。

2. **骨骼肌纤维横切面**　呈圆形或多边形红色团块。在细胞边缘，肌膜内面可见 1 个或数个圆形的细胞核（为什么有的切面上无细胞核？）。胞质内充满红色小点，即肌原纤维的横切面（图6-1）。

【高倍镜下绘图】

名称：骨骼肌。

标注：骨骼肌纵切面，肌细胞核，结缔组织；骨骼肌横切面，肌细胞核，肌原纤维，结缔组织。

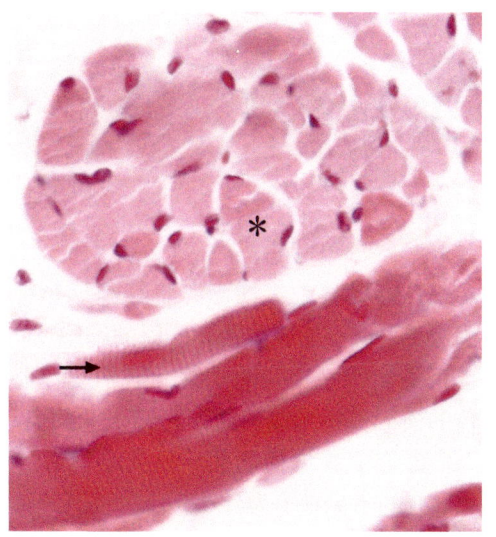

图 6-1　骨骼肌（舌肌）（HE，高倍）

→骨骼肌纤维纵切面；＊骨骼肌纤维横切面

（二）心肌（cardiac muscle）

【片号】

【取材】 心脏切片。

【染色】 HE 染色。

【肉眼观察】 标本呈长条状，中间最厚、染成红色的部分为心壁的心肌膜。

【低倍镜观察】 仔细观察心肌膜。心肌膜主要由心肌纤维构成，心肌纤维间还有少量结缔组织和丰富的毛细血管。心肌纤维染成红色。因心肌纤维排列的方向不同，在切片上可见呈纵、横、斜三种不同切面的心肌纤维。纵切的心肌纤维呈红色带状，横切的心肌纤维呈大小不一的红色块状。选择结构完整、分界清楚的纵、横切面的肌纤维，分别置高倍镜下观察。

【高倍镜观察】

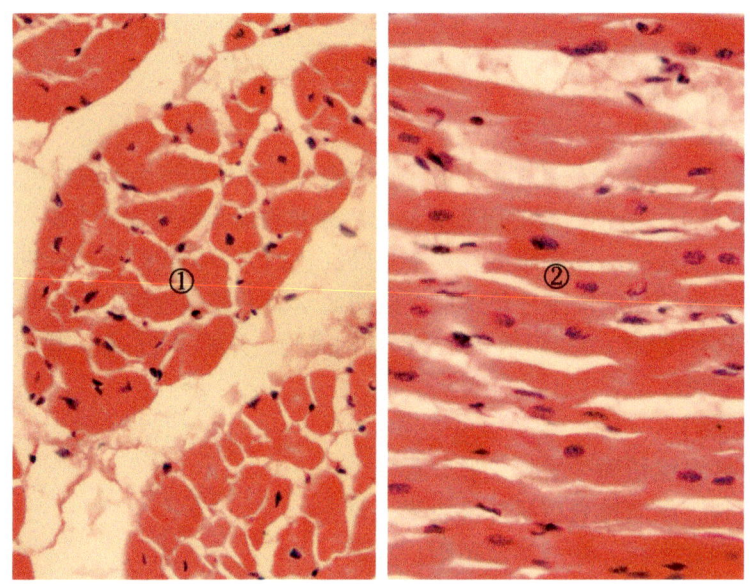

图 6-2　心肌（HE，高倍）
①横切面；②纵切面

1. 心肌纤维纵切面　肌纤维呈短柱状有分支，彼此吻合成网；细胞核 1～2 个，呈椭圆形，位于细胞中央；核周的细胞质染色较浅，细胞边缘细胞质染色较红。光线调暗后，也可见到明暗相间的横纹，但不及骨骼肌的横纹明显。在肌纤维间的连接处，可见深红色的横形或梯形线，此即光镜下的闰盘（不易见到）（图 6-2）。

2. 心肌纤维横切面　呈大小不等的圆形或多边形，有的切面可见圆形核位于细胞中央，有的不见核（为什么？）。肌原纤维在细胞周边较密，为红色小点，略呈放射状排列；核周的肌原纤维少，染色浅淡（图 6-2）。

【高倍镜下绘图】

名称：心肌。

标注：心肌纵切面，肌细胞核，结缔组织；心肌横切面，肌细胞核，结缔组织。

（三）平滑肌（smooth muscle）

【片号】

【取材】 回肠横或纵切片。

【染色】 HE 染色。

【肉眼观察】 标本为环形或长方形，环行的标本为回肠横切，长方形的标本为回肠纵切。切片中染成红色的区域为回肠壁的肌层。

【低倍镜观察】 仔细观察肌层。肌层主要由平滑肌纤维构成。可见平滑肌分为两层，两层分界明显，一层的平滑肌纤维均为纵切面（不典型的情况下为斜切），另一层均为横切面。选择结构完整、分界清楚的纵、横切面的肌纤维，分别置高倍镜下观察。

【高倍镜观察】

1. 平滑肌纤维纵切面 肌纤维呈细长梭形，中央粗，两端尖细。胞核呈长椭圆形或长杆状，有的呈螺旋形（肌纤维收缩时），位于细胞中央；细胞质呈均匀一致的红色，无横纹。相邻肌纤维的粗部与细部彼此相嵌，平行排列（图6-3）。

2. 平滑肌纤维横切面 肌纤维呈一些大小不等的圆形或多边形红色小点。较大的断面中央可见圆形的细胞核，较小的细胞断面内则无细胞核（为什么？）（图6-3）。

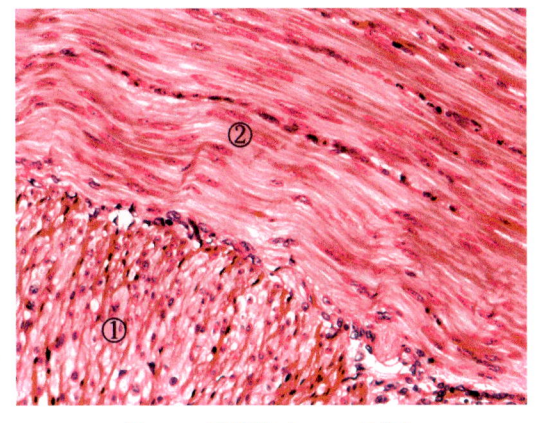

图 6-3 平滑肌（HE，高倍）
①横切面；②纵切面

【高倍镜下绘图】

名称：平滑肌。

标注：平滑肌纵切面，肌细胞核；平滑肌横切面，肌细胞核。

三、示　教

心肌闰盘（intercalated disk）

【取材】 心脏切片。

【染色】 铁苏木素染色。

【高倍镜观察】 闰盘呈短横线或阶梯状，横穿心肌纤维，染成深黑色。心肌横纹染成浅黑色。

四、电镜照片

【TEM 照片】

1. 骨骼肌纤维 示肌丝、肌节、横桥和肌浆网。

2. 心肌纤维 示肌丝、肌节、横桥和肌浆网。

五、英文词汇

muscle fiber　肌纤维
sarcolemma　肌膜
myofibril　肌原纤维
myofilament　肌丝
sarcomere　肌节

transverse tubule　横小管
sarcoplasmic reticulum　肌浆网
terminal cisterna　终池
intercalated disk　闰盘

六、思考题

光镜下三种肌组织（包括纵、横切面）有何区别？

七、本章小结

　　肌组织主要由肌细胞构成，分为骨骼肌、心肌和平滑肌。骨骼肌纤维呈长圆柱状；含有多个细胞核，呈扁椭圆形，位于肌膜下方；肌浆中有许多与肌纤维长轴平行排列的肌原纤维，各条肌原纤维的明带和暗带都准确地排列在同一平面上，构成了明暗相间的横纹；相邻两条Z线之间的一段肌原纤维称为肌节，是骨骼肌纤维结构和功能的基本单位。心肌纤维呈短圆柱状，分支互联成网，连接处称闰盘，常呈阶梯状；多数心肌纤维有一个细胞核，少数含有双核，核呈卵圆形，位于中央；心肌纤维也有明暗相间的周期性横纹，但不如骨骼肌明显。平滑肌纤维呈长梭形，无横纹；核呈杆状或椭圆形，位于中央。

（黄小丽）

第7章 神经组织（nervous tissue）

一、目的要求

1. **掌握** 神经元的形态结构；有髓神经纤维纵、横切面的形态结构。
2. **熟悉** 神经的结构。
3. **了解** 触觉小体、环层小体、肌梭和运动终板的结构特点。

二、观察标本

（一）神经元（neuron）和神经胶质细胞（neuroglial cell）

【片号】
【取材】 脊髓横切片。
【染色】 HE染色。
【肉眼观察】 脊髓中央呈蝶形、染色较深的部分为灰质，周围染色浅的部分为白质（由于褪色，有的标本灰质染色浅而白质染色深，但位置不变）。脊髓灰质圆钝而膨大的一端为前角，另一端较细，为后角。
【低倍镜观察】 找到膨大的灰质前角，见其内有许多胞体大而有突起的细胞，此即运动神经元；它的周围有一些小而染色较深的细胞核，为神经胶质细胞的细胞核（图7-1）。选择一个突起较多、结构较完整的神经元换高倍镜观察。
【高倍镜观察】

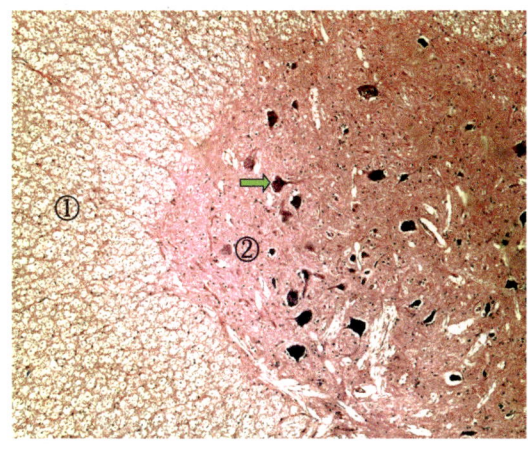

图7-1 脊髓横切（HE，低倍）
①白质；②灰质；⇧神经元

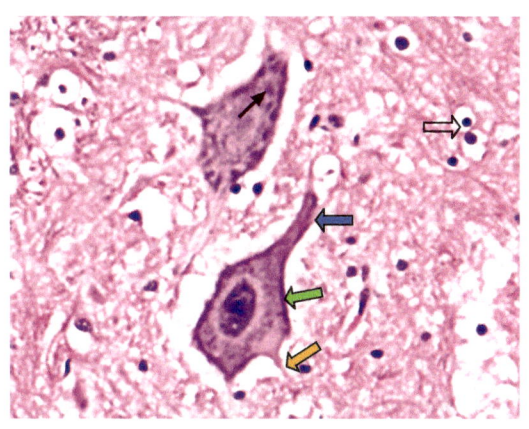

图7-2 神经元和神经胶质细胞（脊髓横切片 HE，高倍）
⇧尼氏体；⇧轴突；⇧神经元；⇧树突；⇧神经胶质细胞核

1. **神经元** 神经元胞体大致呈圆形，因有突起而显得不规则。胞核大而圆，位于胞体中央，染色较浅而呈空泡状，核仁明显。胞质内有大量呈紫蓝色块状和颗粒状的物质，即是尼氏体（嗜碱性）（图7-2）。

从神经元胞体上发出多个突起，但由于切片的关系，突起往往不完整，有时甚至没有突起。凡是有尼氏体的突起为树突，可有多根；没有尼氏体的为轴突，只有一根，其起始部位呈圆锥形，因无尼氏体而染色较浅，称为轴丘（图7-2）。

2. 神经胶质细胞 由于神经胶质细胞的胞质和突起在HE染色切片上均不显示，故只能根据其细胞核的形态和染色来判断为何种胶质细胞。

（1）星形胶质细胞：核较大，圆形或椭圆形，染色较浅。

（2）少突胶质细胞：核中等大小，圆形，染色较深，核仁明显。

（3）小胶质细胞：核最小，呈梭形、三角形或逗点状，染色最深。

（4）室管膜细胞：位于脊髓中央管的管壁上，呈单层上皮样排列。

【高倍镜下绘图】

名称：神经元和神经胶质细胞。

标注：神经元胞体，神经元突起，神经元细胞核，尼氏体；神经胶质细胞核。

（二）神经（nerve）

【片号】

【取材】 坐骨神经纵、横切片。

【染色】 HE 染色。

【肉眼观察】 长条状标本为神经的纵切面，其上方或下方红色圆点状结构为神经的横切面。

【低倍镜及高倍镜观察】

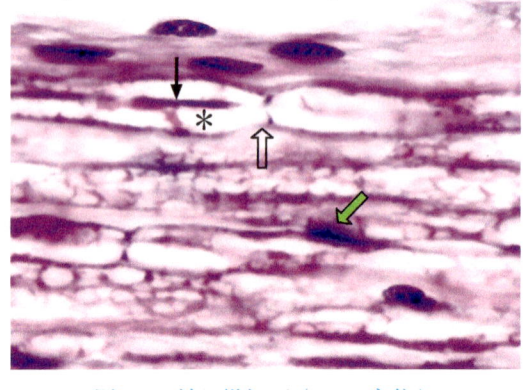

图7-3 神经纵切面（HE，高倍）

⇧郎飞结；↑轴突；＊髓鞘；⇧施万细胞核

1. 纵切面 标本的上下两侧为神经外膜，中间为许多神经纤维密集排列。在低倍镜下找到神经纤维排列较稀疏处，先找到两节髓鞘间的缩窄环即郎飞结，此处神经纤维的各种结构较清楚。换用高倍镜观察：在神经纤维中央有一条紫蓝色的条索，即是轴突，轴突两侧的空白区域为髓鞘，有时髓鞘内可见一些粉红色的网状结构，为髓鞘的蛋白质成分。髓鞘外缘染粉红色的细丝状结构为神经膜。施万细胞的细胞核位于神经膜内侧，呈椭圆形，染成浅蓝色（图7-3）。

2. 横切面 包在整条神经外面的致密结缔组织为神经外膜。结缔组织伸入神经内将一条神经分隔成许多神经纤维束，包在每条神经纤维束外的结缔组织叫神经束膜。结缔组织伸入神经纤维束内，包在每一根神经纤维外面的结缔组织叫神经内膜（很薄，加之制片时收缩，切片上很难看到）。一条神经纤维束内有许多大小相当的圆圈状结构，此即神经纤维的横切面。在横切面上，可见每根神经纤维中央染成蓝色的小点，即为轴突，轴突周围的空白区为髓鞘，髓鞘外的红色环状结构即为神经膜，有的切面上可见到圆形的施万细胞的细胞核（图7-4）。

第7章 神经组织（nervous tissue）

【高倍镜下绘图】

名称：神经。

标注：神经纵切面，郎飞结，轴突，髓鞘，施万细胞核；神经横切面，轴突，髓鞘，施万细胞核，神经束膜，神经外膜。

（三）触觉小体和环层小体

【片号】

【取材】 人手指皮肤切片。

【染色】 HE 染色。

【肉眼观察】 切片一侧染成深红色和紫蓝色的部分为表皮；表皮深面染成粉红色的部分为真皮；再深面染色更浅、呈空网状的部分是皮下组织。

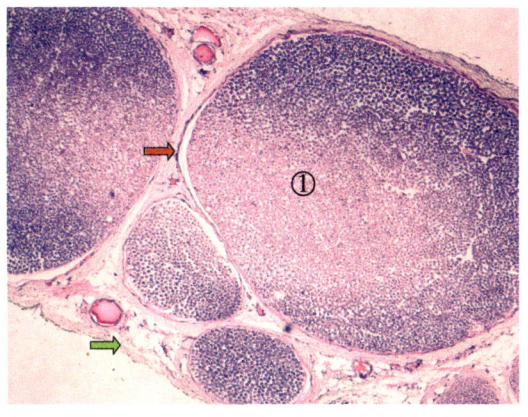

图 7-4 神经横切面（HE，低倍）

①神经纤维横切面；⬆神经外膜；⬆神经束膜

【低倍镜观察】 标本一侧呈均质状红色的结构为表皮角质层，其下染成紫蓝色、由多层细胞构成的结构为表皮的其余各层；表皮下方染色较红的致密结缔组织为真皮。表皮和真皮的交界处凹凸不平，真皮凸向表皮内的突起叫真皮乳头，有的真皮乳头内可见一粉红色椭圆形小体，即是触觉小体。将视野移到真皮深面的皮下组织，可见疏松结缔组织和脂肪组织，其间有一些很大的圆形或椭圆形小体，即是环层小体。

【高倍镜观察】

1. **触觉小体** 呈长椭圆形，其长轴与表皮表面垂直。染成粉红色。其结缔组织被囊中的扁平细胞呈水平状排列，伸入被囊内的感觉神经纤维在 HE 染色切片上看不到（图 7-5）。

2. **环层小体** 由多层扁平细胞呈同心圆状排列而成。小体中央有一红色圆点或杆状结构，为圆柱体，内有感觉神经纤维的横切面（因 HE 染色而看不见神经纤维）（图 7-6）。

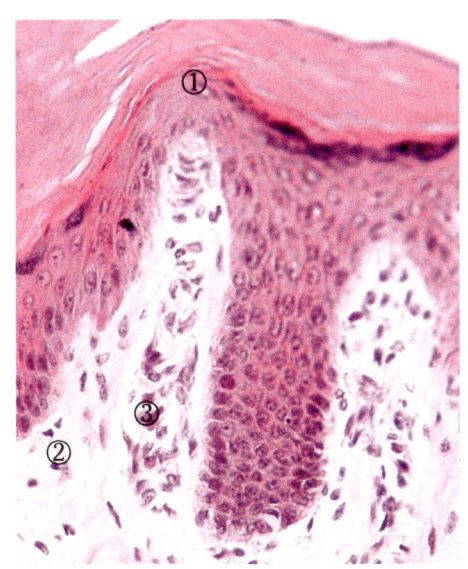

图 7-5 触觉小体（HE，高倍）

①表皮；②真皮；③触觉小体

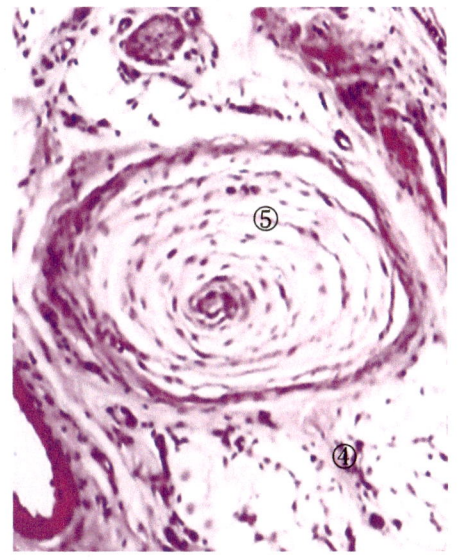

图 7-6 环层小体（HE，高倍）

④皮下组织；⑤环层小体

【高倍镜下绘图】
名称：触觉小体和环层小体。
标注：表皮，真皮乳头，触觉小体，皮下组织，环层小体。

三、示　教

（一）神经原纤维（neurofibril）

【取材】　脊髓横切片。
【染色】　硝酸银染色。
【高倍镜观察】　可见神经元胞体和突起内均有棕黑色的细丝状结构，即为神经原纤维。它们在胞体内交织成网，在突起内平行排列。

（二）星形胶质细胞（astrocyte）

【取材】　大脑切片。
【染色】　Golgi 法镀银染色。
【高倍镜观察】　星形胶质细胞的胞体和突起均染成棕褐色。胞体较小；突起较多而细长，有的突起末端膨大呈脚板状，贴在毛细血管管壁上。

（三）突触扣结（synaptic bouton）

【取材】　大脑切片。
【染色】　硝酸银染色。
【高倍镜观察】　可见神经元的轴突终末呈棕黑色的环扣状，附着在另一神经元的胞体或树突上。

（四）肌梭（muscle spindle）

【取材】　骨骼肌横切片。
【染色】　硝酸银染色。
【低倍镜观察】　结缔组织被囊较薄，呈棕黑色。囊内有少量较小的染成棕黑色的梭内肌纤维；神经纤维终末呈棕黑色细丝，环绕梭内肌。

（五）运动终板（motor end plate）

【取材】　动物肋间肌压片。
【染色】　氯化金染色。
【高倍镜观察】　骨骼肌纤维染成浅紫色，神经纤维染成黑色。神经纤维的末端呈爪状分支，附着在骨骼肌纤维表面；爪状分枝的末端再呈扣状膨大，与之相对应的骨骼肌纤维内肌浆丰富，并向表面隆起。

四、电镜照片

【TEM 照片】　示突触和有髓神经纤维的超微结构。

五、英文词汇

neuron　神经元
dendrite　树突
axon　轴突
Nissl body　尼氏体
neurofibril　神经原纤维
synapse　突触
presynaptic membrane　突触前膜
postsynaptic membrane　突触后膜
synaptic vesicle　突触小泡
neuroglial cell　神经胶质细胞
oligodendrocyte　少突胶质细胞
microglia　小胶质细胞
Schwann cell　施万细胞
myelinated nerve fiber　有髓神经纤维

六、思考题

1. 光镜下观察神经元胞体有何特殊结构？其实质是什么？有何功能？
2. 树突与轴突在结构上有何区别？何为轴丘？如何识别？
3. 髓鞘是如何形成的？有何功能？在 HE 染色切片上髓鞘为何呈空泡状？

七、本章小结

神经组织由神经细胞（神经元）和神经胶质细胞组成。神经元可分为胞体、树突和轴突三部分，其特征性结构为尼氏体和神经原纤维。神经元之间或神经元与效应细胞之间通过突触彼此联系。中枢神经系统的神经胶质细胞有星形胶质细胞、少突胶质细胞、小胶质细胞和室管膜细胞；周围神经系统的神经胶质细胞有施万细胞和卫星细胞。神经纤维由神经元的长轴突及包绕它的神经胶质细胞构成，根据神经胶质细胞是否形成髓鞘，分为有髓神经纤维（周围神经系统形成髓鞘的细胞是施万细胞，中枢则是少突胶质细胞）和无髓神经纤维两类。周围神经系统的神经纤维集合形成神经纤维束，若干条神经纤维束又聚集构成神经。感觉神经末梢包括游离神经末梢、触觉小体、环层小体和肌梭；运动神经末梢分为躯体（运动终板）和内脏运动神经末梢两类。

（黄小丽）

第8章 循环系统（circulatory system）

一、目的要求

1. **掌握** 心脏、毛细血管和各种动脉的结构特点。
2. **熟悉** 静脉的结构特点。
3. **了解** 血管内皮细胞的结构特点。

二、观察标本

（一）心脏（heart）

【片号】

【取材】 心脏切片。

【染色】 HE 染色。

【肉眼观察】 标本呈长条状。心内膜的一侧稍凹陷，表面不整齐；心外膜面稍凸，表面整齐，结构较疏松；二者之间为心肌膜，染色较红。

【低倍镜及高倍镜观察】 从内向外依次观察心壁结构。

1. **心内膜** 内侧颜色较浅淡的部分，由内皮和内皮下层组成。表面的内皮为单层扁平上皮。内皮之外是内皮下层，由结缔组织构成。内皮下层分为内、外两层。内层有较多弹性纤维；外层即心内膜下层，为靠近心肌膜的疏松结缔组织构成，含小血管和神经。部分标本的心内膜下层内可见浦肯野纤维，有的标本也可在靠近心内膜的心肌膜中找到。浦肯野纤维比普通心肌纤维短而粗，核居中，胞质丰富，染色较浅（图 8-1）。

2. **心肌膜** 中间红色部分，最厚。主要为纵、横、斜三种不同切面的心肌纤维束分层排列。心肌纤维间有少量结缔组织、丰富的小血管和毛细血管（图 8-1，图 8-2）。

3. **心外膜** 外侧颜色较浅淡的部分，常见成群脂肪细胞，是由疏松结缔组织和表面间皮构成的浆膜。结缔组织内含小血管和神经，并常有脂肪组织（图 8-2）。

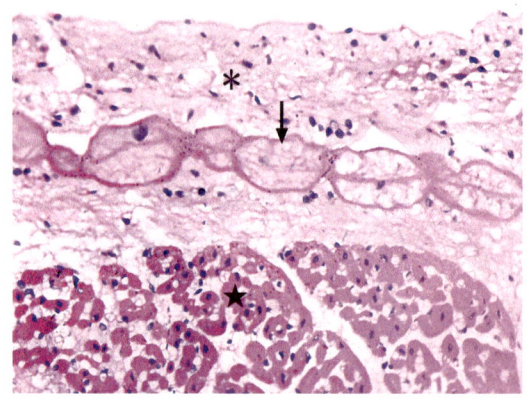

图 8-1 心内膜和心肌膜（HE，高倍）

＊内皮下层；↑浦肯野纤维；★心肌膜

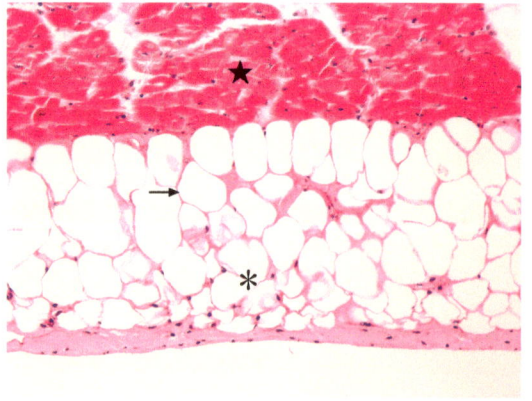

图 8-2 心外膜和心肌膜（HE，高倍）

＊心外膜；★心肌膜；↑脂肪细胞

【低倍镜下绘图】
名称：心壁。
标注：心内膜，内皮，内皮下层，心内膜下层，普肯野纤维；心肌膜；心外膜，脂肪组织，间皮。

（二）中动脉和中静脉（medium-sized artery and vein）

【片号】
【取材】　中动脉和中静脉横切片。
【染色】　HE染色。
【肉眼观察】　标本是一个很小的红色点状结构，仔细观察可见有两个或三个管道断面。
【低倍镜观察】　对比观察，区分中动脉和中静脉。标本中有两个或三个管道断面，其中一个管壁厚，管腔较小而规则的是中动脉，另外一个或两个管壁薄、管腔较大而不规则的是中静脉（图8-3）。

1. 中动脉　先区分内膜、中膜和外膜。在贴近腔面有一条波浪形弯曲的粉红色带状结构，为内弹性膜，此膜及其以内部分为内膜。中间最厚、呈较深红色的部分为中膜，主要由平滑肌构成。在中膜外侧可见多层断续弹性膜构成的外弹性膜，呈粉红色的弯曲线状或点状，是中膜与外膜的分界。

2. 中静脉　管腔不规则，管壁较中动脉薄，三层分界不及中动脉明显，内外弹性膜均不明显。中膜薄，环行平滑肌少。外膜较中膜厚，并含有营养小血管，有时可见纵行平滑肌束的横切面。

【高倍镜观察】
中动脉　从管腔面向外依次观察各层结构（图8-4）。

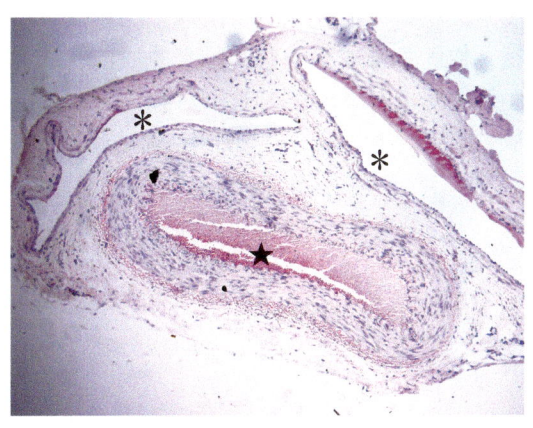

图8-3　中动脉和中静脉横切面（HE，低倍）
★中动脉；＊中静脉

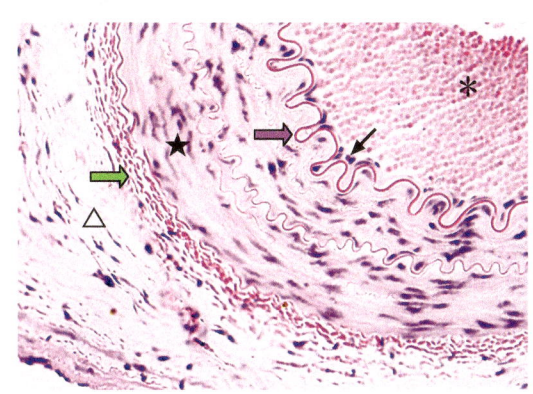

图8-4　中动脉横切面（HE，高倍）
＊血液；↑内皮；↑内弹性膜；↑外弹性膜；★中膜（平滑肌纵切面）；△外膜结缔组织

（1）**内膜**：很薄，内皮细胞一般只见其扁平的细胞核，内皮下层非常薄，以至波浪状起伏的内弹性膜好像是直接贴在内皮之外。管腔内有时有大量血细胞，注意勿将这些血细胞误认为内膜。

（2）**中膜**：最厚，主要为环行平滑肌，肌纤维间夹有少量弹性纤维和胶原纤维。有的标本的中膜内可见数条散在的弹性膜，勿误认为外弹性膜。

（3）**外膜**：较中膜稍薄，由疏松结缔组织构成，与周围结缔组织无明显分界。外膜与中膜交界处有外弹性膜（注意与内弹性膜形态的不同）。外膜中还有营养小血管和神经束等。

【高倍镜下绘图】

名称：中动脉。

标注：内膜，内皮，内弹性膜；中膜，平滑肌；外膜，外弹性膜，结缔组织。

（三）大动脉（large artery）

【片号】

【取材】 大动脉横切片。

【染色】 HE染色。

【肉眼观察】 标本为圆形或椭圆形管道。

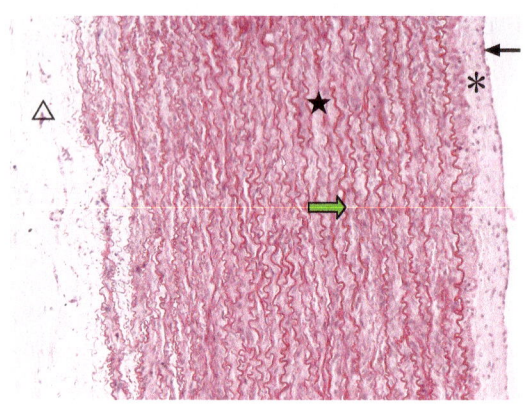

图 8-5　大动脉横切面（HE，低倍）

↑内皮；＊内皮下层；★中膜；△外膜；⬆中膜内的弹性膜

【低倍镜观察】 先区分内膜、中膜和外膜。管壁腔面颜色较浅的一层为**内膜**，由内皮和内皮下层组成。中间最厚部分为**中膜**，有大量波浪状弯曲的弹性膜。最外面染色较浅的部分为**外膜**（图 8-5）。

【高倍镜观察】

1. **内膜** 由内皮和内皮下层组成。腔面可见扁平的内皮细胞核突向管腔。内皮下层较中动脉的厚，为疏松结缔组织，染色较浅。

2. **中膜** 最厚，主要由数十层弹性膜组成，弹性膜染成粉红色，呈弯曲波浪状。弹性膜之间也有平滑肌、胶原纤维和弹性纤维。

3. **外膜** 较内膜略厚，由疏松结缔组织构成，内有营养小血管、神经束、脂肪细胞等，外弹性膜不明显。

【高倍镜下绘图】

名称：大动脉。

标注：内膜，内皮，内皮下层；中膜，弹性膜；外膜，结缔组织。

（四）小动脉、小静脉、微动脉、微静脉、毛细血管

【片号】

【取材】 心脏、大动脉、中动脉和中静脉或食管切片。

【染色】 HE染色。

【低倍镜及高倍镜观察】 可在以上标本或其他 HE 染色的器官切片中寻找。共同特点是腔面均有单层扁平的内皮，管腔内可有血细胞。

1. **小动脉**和**小静脉** 小动脉管壁较厚，管径小而腔圆，结构与中动脉相似，较粗的小动脉可见内弹性膜，中膜有数层平滑肌纤维，无外弹性膜。小静脉与伴行小动脉相比，

管壁薄，腔大不规则，内皮外可见 1～2 层散在的平滑肌纤维（图 8-6）。

2. 微动脉和**微静脉**　管径比小动脉和小静脉更小，没有内弹性膜和外弹性膜。壁较厚、腔小、中膜可见 1～2 层平滑肌纤维的是微动脉。壁薄、腔较大的是微静脉，其中膜的平滑肌不明显。

3. 毛细血管　管径最细，管壁只能见一层内皮细胞，横切面上仅由 1～3 个内皮细胞围成，有的管腔内有血细胞（图 8-6）。

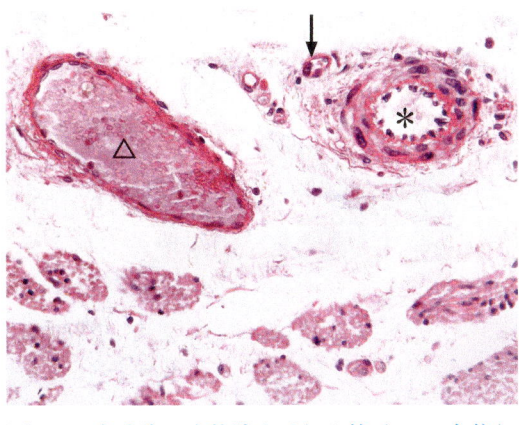

图 8-6　小动脉、小静脉和毛细血管（HE，高倍）
＊小动脉；△小静脉；↑毛细血管

【高倍镜下绘图】
名称：小动脉、小静脉和毛细血管。
标注：小动脉，内膜，中膜，外膜，平滑肌；小静脉；毛细血管。

三、示　教

（一）大动脉弹性染色

【取材】　大动脉横切片。
【染色】　弹性染色。
【高倍镜观察】　中膜内有数十层弹性膜，染成棕褐色，呈弯曲波浪状。弹性膜之间有较细的弹性纤维。

四、电镜照片

【TEM 照片】
1. 心房肌纤维　示心房特殊颗粒。
2. 连续毛细血管　示内皮、基膜和吞饮小泡（质膜小泡）。
3. 有孔毛细血管　示内皮、基膜和内皮窗孔。

五、英　文　词　汇

endocardium　心内膜
myocardium　心肌膜
epicardium　心外膜
serosa　浆膜
Purkinje fiber　普肯野纤维
elastic artery　弹性动脉
muscular artery　肌性动脉

internal elastic membrane　内弹性膜
arteriole　微动脉
venule　微静脉
continuous capillary　连续毛细血管
fenestrated capillary　有孔毛细血管
sinusoid　血窦

六、思　考　题

1. 光镜下如何区分循环系统的管道和其他管道？

2. 光镜下如何区分大动脉、中动脉和小动脉？

3. 光镜下如何区分心内膜和心外膜？

七、本章小结

  动脉和静脉管壁由内膜、中膜和外膜三层结构组成。动脉分为大、中、小和微动脉，各级动脉的主要结构特点体现在中膜。大动脉的中膜主要由 40～70 层弹性膜构成，中动脉的中膜主要由 10～40 层平滑肌构成，小动脉的中膜主要由 3～9 层平滑肌构成。静脉与伴行动脉相比，有管壁薄、管腔大而不规则等特点。毛细血管主要由一层内皮细胞和基膜构成。电镜下，毛细血管可分为连续毛细血管、有孔毛细血管和血窦三类。心壁由内向外分为心内膜、心肌膜和心外膜三层结构。心内膜由内皮和内皮下层构成。心肌膜较厚，主要由心肌纤维构成。心外膜由结缔组织和间皮构成。心传导系统由特殊的心肌纤维组成，包括起搏细胞、移行细胞和普肯野纤维三种细胞。

（张仁东）

第9章 免疫系统（immune system）

一、目的要求

1. **掌握** 胸腺、淋巴结和脾的结构。
2. **熟悉** 消化管淋巴组织的结构。
3. **了解** 腭扁桃体的结构。

二、观察标本

（一）胸腺（thymus）

【片号】

【取材】 未成年人胸腺切片。

【染色】 HE染色。

【肉眼观察】 表面有粉红色的被膜，胸腺实质被分成许多大小不等的小叶，每个小叶周边染色较深为皮质，中央染色较浅是髓质。

【低倍镜观察】 分清被膜、小叶间隔、小叶内皮质和髓质的位置（图9-1），再进行详细观察。

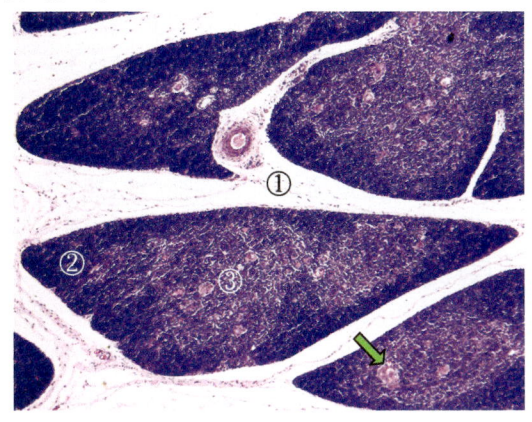

图9-1 胸腺（HE，低倍）

①小叶间隔；②皮质；③髓质；↑胸腺小体

1. **被膜** 为外表的结缔组织，染成粉红色。
2. **小叶间隔** 被膜的结缔组织深入实质形成，将实质分成许多不完全分隔的小叶。小叶间隔染成粉红色，其中可见血管。
3. **胸腺小叶** 由周边的皮质和中央的髓质组成，两部分均由胸腺细胞、胸腺上皮细胞和巨噬细胞等组成。但皮质内胸腺细胞密集，故染色较深；髓质内胸腺细胞较少，故染色较浅。髓质中可见大小不等、染成红色的胸腺小体。

【高倍镜观察】

胸腺小叶 胸腺小叶中的各种细胞密集，形态不清，难以准确分辨。胸腺细胞的核较小，圆形，染色深；而胸腺上皮细胞的核较大，卵圆形，染色较浅。髓质中的胸腺小体染色较红，散在，大小不等，由数层扁平的胸腺上皮细胞呈同心圆状环绕而成，周边的细胞核明显，中央的细胞已角化，核消失，胞质染成红色（注意与微血管的区别）（图9-2）。

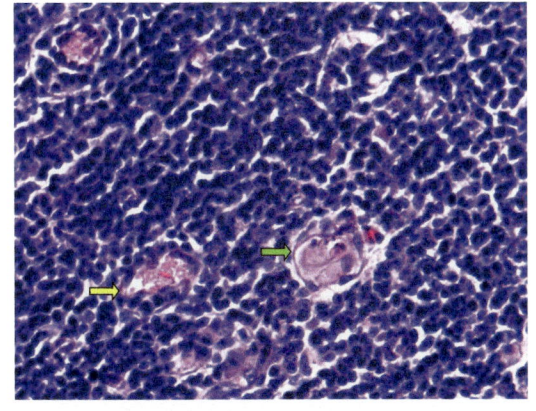

图9-2 胸腺髓质（HE，高倍）

↑胸腺小体；↑微血管

【低倍镜下绘图】
名称：胸腺。
标注：被膜，小叶间隔；皮质，胸腺细胞核；髓质，胸腺小体。

（二）淋巴结（lymph node）

【片号】
【取材】 淋巴结切片。
【染色】 HE 染色。
【肉眼观察】 淋巴结呈豆形，一侧凹陷为门部（有的标本可能未切到门部）。淋巴结最外面染粉红色的为被膜，被膜内侧染紫蓝色的为皮质，中央染色较浅部分为髓质。

【低倍镜观察】

1. 被膜和小梁 被膜为致密结缔组织，并含脂肪、血管、输入淋巴管；门部结缔组织较多，含血管和输出淋巴管。被膜和门部的结缔组织深入实质为小梁，其断面呈不同的形状，染成粉红色，有的可见小梁血管。

2. 皮质 在被膜内侧，染成紫蓝色，由浅层皮质、副皮质区和皮质淋巴窦组成（图9-3）。

（1）浅层皮质：为紧邻被膜内侧、染色较深的部分，主要含淋巴小结，淋巴小结之间有弥散淋巴组织。淋巴小结为淋巴组织密集而成的圆形或椭圆形结构，界限清楚，在浅层皮质内排成一排，但亦可有 2～3 排。有的淋巴小结中央染色浅，即为生发中心。生发中心近被膜侧染色最浅，为明区；近髓质侧染色较深，为暗区。生发中心周边有一层密集的小淋巴细胞，染色深，顶部最明显，称为小结帽。

（2）副皮质区：位于皮质深层，也染色较深，为弥散淋巴组织，与周围组织无明显界限。

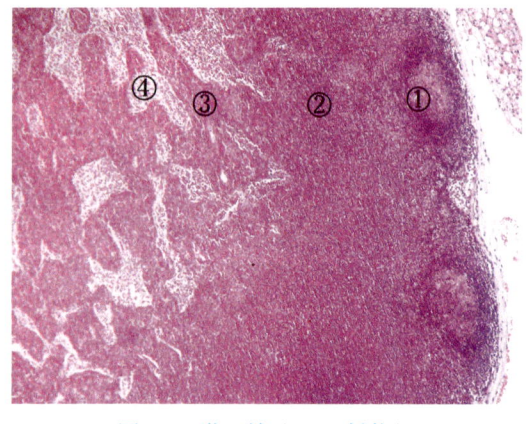

图 9-3 淋巴结（HE，低倍）
①淋巴小结；②副皮质区；③髓索；④髓窦

（3）皮质淋巴窦：包括被膜下窦和小梁周窦，染色浅，细胞较稀疏。被膜下窦位于被膜和浅层皮质之间，为染色浅的缝隙样结构。小梁周窦是小梁周围染色浅的部分。

3. 髓质 由髓索和髓质淋巴窦（髓窦）组成。髓索（注意与小梁的区别）为淋巴细胞密集的条索状结构，染成较深的紫蓝色，互相连接成网状，其间染色浅的部分是髓窦（图9-3）。

【高倍镜观察】

1. 淋巴窦 皮质淋巴窦和髓质淋巴窦的结构相同。窦壁衬有单层扁平的内皮，腔内有淋巴细胞、巨噬细胞及星状内皮细胞。星状内皮细胞星状多突，胞核染色浅，相邻星状内皮细胞以突起彼此连成网（图9-4）。

【低倍镜下绘图】
名称：淋巴结。
标注：被膜；皮质，淋巴小结，副皮质区，皮质淋巴窦；髓质，髓索，髓窦。

（三）脾（spleen）

【片号】

【取材】 脾切片。

【染色】 HE 染色。

【肉眼观察】 标本的一侧覆有粉红色的被膜。实质中有许多散在的紫蓝色团块，即<u>白髓</u>，其他染成紫红色、呈网状的区域为<u>红髓</u>，他们交界的部位是<u>边缘区</u>。

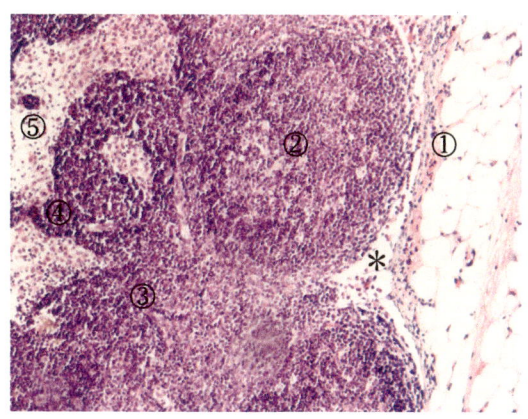

图 9-4 淋巴结（HE，高倍）

＊皮质淋巴窦；①被膜；②淋巴小结；③副皮质区；④髓索；⑤髓窦

【低倍镜观察】

1. <u>被膜</u>和<u>小梁</u> 被膜较厚，由致密结缔组织构成，表面有间皮覆盖，内含平滑肌纤维。小梁是从被膜发出、深入实质的结缔组织。小梁常被切断，染成红色或粉红色，呈块状或条状分散在实质内，部分小梁中可见小梁动脉和小梁静脉（图 9-5）。

2. <u>白髓</u> 分散在实质中，主要由密集的小淋巴细胞构成，故呈深紫蓝色。其中，淋巴小结与淋巴结中的淋巴小结相似，也可有生发中心。<u>动脉周围淋巴鞘</u>常位于淋巴小结的一侧，分布于中央动脉周围，由于不同切面，可为圆形、椭圆形或长条形。白髓和红髓的交界处为<u>边缘区</u>，淋巴细胞稍稀疏，该区的血窦即<u>边缘窦</u>（图 9-5）。

3. <u>红髓</u> 由<u>脾索</u>和<u>脾血窦</u>构成。脾索为富含血细胞的条索状淋巴组织，染成较深的紫红色，相互连接成网状；网眼内染色浅的就是脾血窦，在切片中窦腔常是空的（图 9-5）。

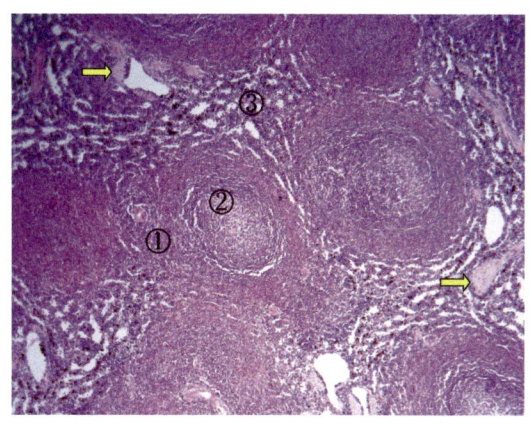

图 9-5 脾（HE，低倍）

①动脉周围淋巴鞘；②淋巴小结；③红髓；⇧小梁

【高倍镜观察】

1. <u>脾索</u> 呈紫红色条索状，细胞密集。脾索中有网状细胞、淋巴细胞和血细胞等，吞噬了衰老红细胞的巨噬细胞呈棕黄色。

2. <u>脾血窦</u> 位于脾索之间，也相互连接成网状。窦腔不规则，窦壁的长杆状内皮细胞常被横切，核圆凸向窦腔。

【低倍镜下绘图】

名称：脾。

标注：被膜；白髓，淋巴小结，动脉周围淋巴鞘，边缘区；红髓，脾索，脾血窦。

（四）消化管的淋巴组织

【片号】

【取材】 阑尾切片。

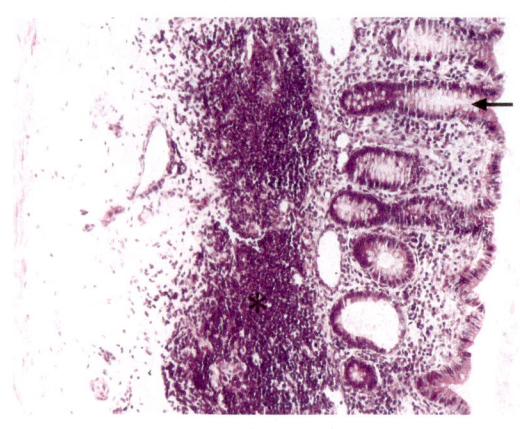

图9-6 阑尾的淋巴组织（HE，低倍）
↑大肠腺；＊淋巴组织

【染色】 HE染色。

【肉眼观察】 标本呈环形管道，管腔小。

【低倍镜观察】 管腔面为单层柱状上皮，紧贴上皮外侧的结缔组织为固有层，内有大肠腺（不要把其横切面误认为淋巴小结）。大肠腺外侧的固有层内有大量淋巴组织，并突入黏膜下层，主要可见是密集的淋巴细胞，染成紫蓝色。在淋巴组织中有很多淋巴小结，淋巴小结之间为弥散淋巴组织（图9-6）。

【低倍镜下绘图】
名称：阑尾的淋巴组织。
标注：单层柱状上皮，大肠腺，淋巴小结，弥散淋巴组织，结缔组织。

三、示　教

（一）成人胸腺

【取材】 成人胸腺切片。

【染色】 HE染色。

【低倍镜观察】 胸腺实质少，胸腺小叶不明显，皮质和髓质不易区分，胸腺小体很少。胸腺实质之间有大量染色浅的脂肪组织。

（二）高内皮微静脉（high endothelial venule）

【取材】 淋巴结切片。

【染色】 HE染色。

【高倍镜观察】 淋巴结的副皮质区内可见高内皮微静脉。其内皮细胞呈立方形，核较大，椭圆形，腔内有血细胞。内皮细胞间小而色深的细胞核，为正在穿越内皮的淋巴细胞。

（三）腭扁桃体（palatine tonsil）

【取材】 人腭扁桃体切片。

【染色】 HE染色。

【低倍镜观察】 表面的复层扁平上皮为口腔黏膜上皮，上皮向固有层凹陷形成隐窝。隐窝上皮内有许多淋巴细胞。在上皮下及隐窝周围，有大量淋巴小结和弥散淋巴组织。

四、电镜照片

【SEM照片】 脾血窦：示长杆状内皮细胞、基膜和网状纤维。

【TEM照片】

1. 血-胸腺屏障 示连续毛细血管内皮、内皮基膜、血管周隙（内含巨噬细胞）、上皮基膜和连续的胸腺上皮细胞。

2. 高内皮微静脉 示立方形的内皮细胞和正在穿越内皮的淋巴细胞。

五、英文词汇

lymphoid nodule 淋巴小结
diffuse lymphoid tissue 弥散淋巴组织
cortex 皮质
medulla 髓质
thymocyte 胸腺细胞
superfacial cortex 浅层皮质
paracortex zone 副皮质区
cortical sinus 皮质淋巴窦
medullary cord 髓索
medullary sinus 髓窦
white pulp 白髓
red pulp 红髓
periarterial lymphatic sheath 动脉周围淋巴鞘
marginal zone 边缘区
splenic cord 脾索
splenic sinusoid 脾血窦

六、思 考 题

1. 胸腺中有无淋巴小结，为什么？光镜下胸腺小体有什么特征？
2. 详细比较淋巴结和脾在光镜结构上的异同。

七、本章小结

免疫系统由淋巴器官、淋巴组织和免疫细胞组成。免疫细胞包括淋巴细胞、抗原呈递细胞、浆细胞等。淋巴组织由网状组织和免疫细胞构成，其中弥散淋巴组织无明确界限，主要含T淋巴细胞；淋巴小结为球形小体，界限较清楚，主要含B淋巴细胞。淋巴器官主要由淋巴组织构成，中枢淋巴器官包括胸腺和骨髓；周围淋巴器官包括淋巴结、脾、扁桃体等。胸腺实质被分隔成胸腺小叶，小叶有皮质和髓质两部分，两部分均由胸腺细胞和胸腺上皮细胞为主组成，髓质中可见胸腺小体。淋巴结实质分为皮质和髓质，皮质包括浅层皮质、副皮质区和皮质淋巴窦，其中副皮质区又称胸腺依赖区；髓质包括髓索和髓窦。脾实质分为白髓和红髓，白髓包括淋巴小结、动脉周围淋巴鞘和边缘区，其中动脉周围淋巴鞘又称胸腺依赖区；红髓包括脾索和脾血窦，其中脾索是富含血细胞的淋巴组织。

（张仁东）

第 10 章　消化管（digestive tract）

一、目的要求

1. **掌握**　消化管壁的一般结构；食管、胃、回肠和结肠的结构特点。
2. **熟悉**　十二指肠和阑尾的结构特点。
3. **了解**　贲门腺和幽门腺的结构特点。

二、观察标本

（一）食管（esophagus）

【片号】

【取材】　食管横或纵切片。

【染色】　HE 染色。

【肉眼观察】　标本略凹的一面为食管腔面，有皱襞突出。腔面染紫蓝色的为黏膜，黏膜以外为浅红色的黏膜下层，再外面为染色较红的肌层，外膜染色较浅淡。

【低倍镜及高倍镜观察】　从腔面逐层向外观察。

1. **黏膜**　黏膜与黏膜下层一起向腔面凸出形成皱襞。黏膜表面上皮为未角化的复层扁平上皮，浅层细胞有时脱落。固有层为疏松结缔组织，其中有血管和腺体导管，注意二者的鉴别。黏膜肌层为纵行平滑肌，很发达，随皱襞而起伏（图 10-1，图 10-2）。

2. **黏膜下层**　为较致密的结缔组织，内含血管、神经和食管腺。食管腺为黏液性腺，腺细胞的胞质染色浅淡，胞核扁圆，位于细胞基底部（图 10-1，图 10-2）。

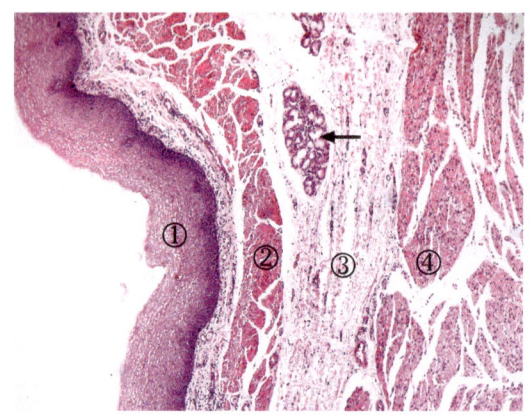

图 10-1　食管横切面（HE，低倍）

①黏膜上皮；②黏膜肌；③黏膜下层；④肌层；↑食管腺

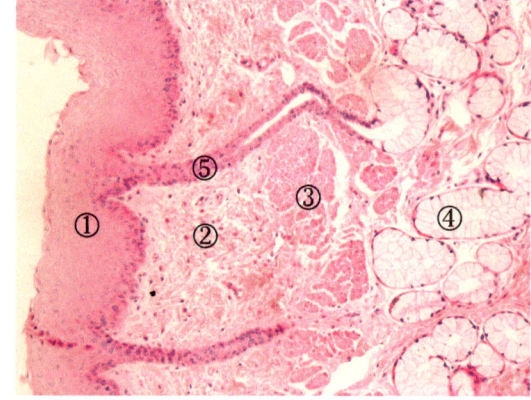

图 10-2　食管横切面（HE，高倍）

①未角化的复层扁平上皮；②固有层；③黏膜肌层；④食管腺；⑤食管腺导管

3. **肌层**　为内环、外纵两层肌层，注意由何种肌组织组成？两层之间有肌间神经丛（图 10-1）。

4. **外膜**　属纤维膜，由疏松结缔组织构成，其中含有神经、血管及脂肪细胞等。

【低倍镜下绘图】

名称：食管。

标注：黏膜，未角化的复层扁平上皮，固有层，黏膜肌；黏膜下层，食管腺；内环肌，外纵肌；外膜。

（二）胃（stomach）

【片号】

【取材】　胃底或胃体切片。

【染色】　HE 染色。

【肉眼观察】　黏膜呈紫蓝色，向表面的突起是皱襞，向外依次是染色浅的黏膜下层、染色红的肌层和染色浅的外膜。

【低倍镜观察】　先分清管壁的四层结构，然后重点观察黏膜的结构。

1. 黏膜

（1）上皮：为单层柱状上皮，上皮凹陷形成胃小凹。上皮（包括胃小凹部分）由表面黏液细胞组成。该细胞顶部的胞质染色很浅，呈透明状，基部胞质染成蓝色；细胞核圆形，位于基底部（图10-3）。

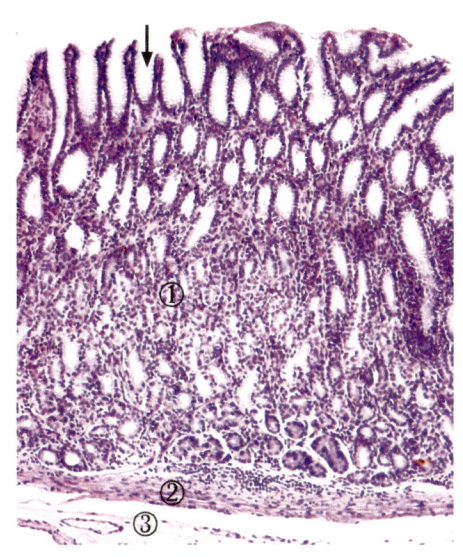

图 10-3　胃体部（HE，低倍）

↑胃小凹；①胃底腺；②黏膜肌；③黏膜下层

（2）固有层：从胃小凹深面直到黏膜肌层，固有层内充满密集的胃底腺。胃底腺呈管状，切片上被横切、纵切和斜切成不同形态，几乎看不见管腔，根据位置大致分为颈部、体部和底部。胃小凹之间及胃底腺之间有少量结缔组织（图10-3）。

（3）黏膜肌层：由内环、外纵两薄层平滑肌组成（图10-3）。

2. 黏膜下层　为较致密的结缔组织，含血管、神经和淋巴管等（图10-3）。

3. 肌层　厚，由内斜、中环、外纵三层平滑肌组成，前两者界线不易分清。层间有肌间神经丛。

4. 外膜　属浆膜，由薄层结缔组织和外面覆盖的间皮组成。

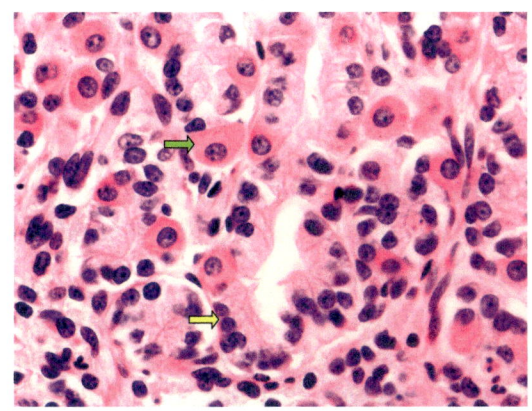

图 10-4　胃底腺（HE，高倍）

↑壁细胞；↑主细胞

【高倍镜观察】

胃底腺　主要观察主细胞和壁细胞，其他细胞不易辨认。壁细胞在胃底腺的上半部较多，细胞较大，圆形或圆锥形，细胞质染色红，核圆居中，有的为双核。主细胞在胃底腺的下半部较多，细胞呈柱状，顶部细胞质染色浅成空泡状，基部细胞质呈紫蓝色，核圆、位于基部（图10-4）。

【高倍镜下绘图】

名称：胃体部黏膜和黏膜下层。

标注：表面黏液细胞，胃小凹；固有层，胃底腺主细胞，胃底腺壁细胞；黏膜肌；黏膜下层。

(三) 回肠 (ileum)

【片号】

【取材】 回肠横或纵切片。

【染色】 HE 染色。

【肉眼观察】 标本为环形或长方形。环形的标本为回肠横切，仔细观察腔面有许多细小的突起为绒毛。长方形的标本为回肠纵切，凹凸不平的一面为腔面，腔面几个大的突起为皱襞，皱襞中轴染浅红色的结构为黏膜下层；仔细观察，可见皱襞表面又有许多细小的突起即为绒毛。

【低倍镜观察】 先分清四层结构，再仔细观察各层结构。

1. 黏膜 回肠横切片的腔面上有许多锥形的突起，即小肠绒毛。回肠纵切片的腔面上有几个大的突起为皱襞，皱襞表面又有许多锥形的突起为绒毛。可见绒毛的纵、横、斜等各种切面，有的绒毛被切断而与肠壁分离。注意皱襞由黏膜和黏膜下层共同凸向肠腔而成，绒毛由上皮和固有层凸向肠腔而成（图10-5）。

绒毛表面为单层柱状上皮，柱状细胞之间散在分布着染色浅、空泡状的杯状细胞（多少与取材部位有关）。绒毛中轴为固有层结缔组织，含分散的平滑肌细胞、丰富的毛细血管和 1~2 条中央乳糜管等。中央乳糜管纵行于绒毛中轴，管腔较大，呈纵裂状，腔面有内皮，腔内无红细胞（图10-5）。

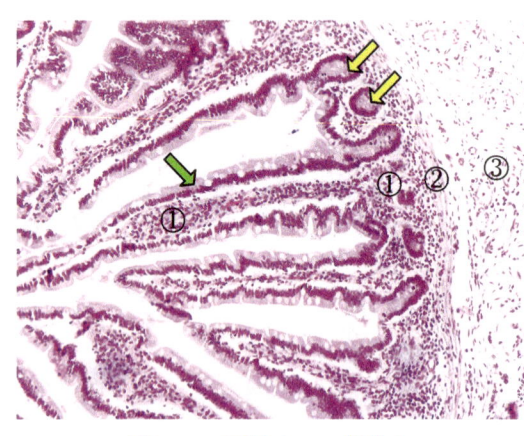

图 10-5 回肠（HE，低倍）

⇧绒毛上皮；①固有层；⇧小肠腺；②黏膜肌；③黏膜下层

在绒毛根部，上皮向固有层结缔组织凹陷，形成小肠腺，为上皮围成的空的腺腔，也可见到纵、横等各种切面。此处的固有层内还可见到淋巴小结（图10-5）。

黏膜肌层为内环、外纵两薄层平滑肌（图10-5）。

2. 黏膜下层 为结缔组织（图10-5）。

3. 肌层 内环、外纵两层平滑肌，两层分界明显。层间有肌间神经丛。

4. 外膜 大部分为浆膜。

【高倍镜观察】

1. 绒毛表面上皮 为单层柱状上皮。其中的柱状细胞又叫吸收细胞，胞质染色红，核椭圆形，位于基部，在其游离面可见一条深红色的带状结构，即纹状缘。杯状细胞顶部膨大成泡状，染色浅，细胞核位于泡底部，成三角形或扁圆形。

2. 小肠腺 为管状腺，常见其横切面。腺上皮为单层柱状，其吸收细胞游离面也有纹状缘，但较薄，吸收细胞之间也夹有杯状细胞。腺底部有时可见帕内特细胞，常三五成群，细胞呈锥体形，顶部胞质充满粗大的嗜酸性红色颗粒，核椭圆，位于基底部。

3. 肌间神经丛 由神经细胞及附近神经纤维共同组成。在肌层的内环肌与外纵肌之间的结缔组织中寻找神经细胞，常成群分布，其特点是细胞较大，细胞质染色较深，核大而圆，染色浅（图10-6）。

【低倍镜下绘图】

名称：回肠黏膜和黏膜下层。

标注：绒毛，单层柱状上皮，固有层，小肠腺，黏膜肌；黏膜下层。

（四）结肠（colon）

【片号】

【取材】 结肠横或纵切片。

【染色】 HE染色。

【肉眼观察】 腔面比较整齐，仔细观察腔面有无绒毛。

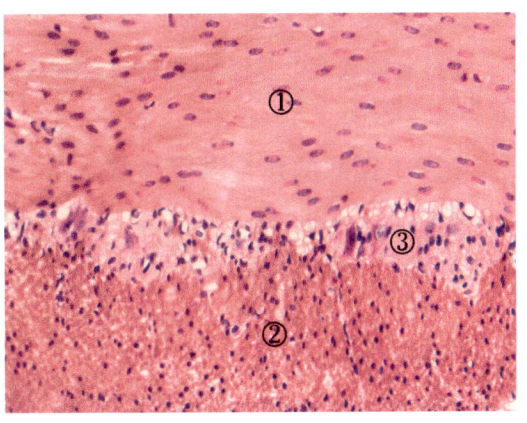

图10-6 肌间神经丛（HE，高倍）

①内环肌；②外纵肌；③肌间神经丛

【低倍镜及高倍镜观察】 先分清四层结构，再仔细观察各层结构（图10-7）。

1. 黏膜 无绒毛。最内层为单层柱状上皮，柱状上皮细胞间夹有很多的杯状细胞。固有层内含有大量的大肠腺，腺上皮也为单层柱状上皮，有大量的杯状细胞；固有层内可见孤立淋巴小结（图10-8）。

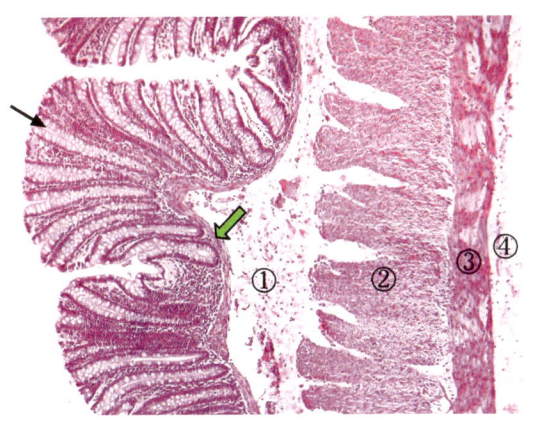

图10-7 结肠纵切面（HE，低倍）

↑大肠腺；⇧黏膜肌；①黏膜下层；②内环肌；③外纵肌；④外膜

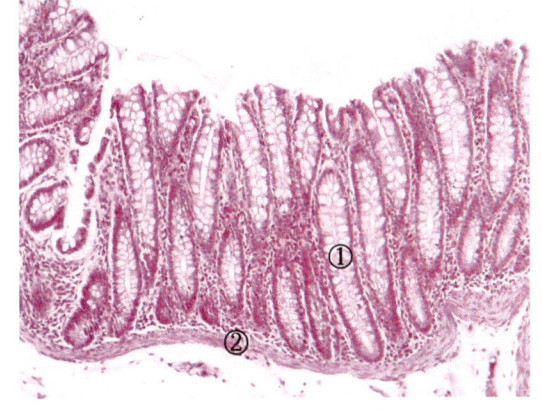

图10-8 结肠黏膜（HE，高倍）

①大肠腺；②黏膜肌

2. 黏膜下层 为结缔组织，含较大的血管、淋巴管以及较多的脂肪细胞。

3. 肌层 内环、外纵两层平滑肌。

4. 外膜 为浆膜或纤维膜。

【低倍镜下绘图】

名称：结肠。

标注：黏膜，单层柱状上皮，固有层，大肠腺，黏膜肌；黏膜下层；肌层；外膜。

三、示 教

（一）胃幽门部

【取材】 胃幽门部切片。

【染色】　HE 染色。
【低倍镜观察】　胃黏膜固有层中有黏液性的幽门腺，由大量黏液性腺细胞构成，可有少量壁细胞。

（二）回肠的集合淋巴小结

【取材】　回肠切片。
【染色】　HE 染色。
【低倍镜观察】　在回肠黏膜固有层中，有多个淋巴小结集合成群，这些淋巴小结常突入到黏膜下层。

（三）十二指肠（duodenum）

【取材】　十二指肠切片。
【染色】　HE 染色。
【低倍镜观察】　形态结构与回肠相似，但有三点不同：①绒毛较宽，呈叶状。②固有层内无集合淋巴小结。③黏膜下层有十二指肠腺，为黏液腺，腺细胞染色浅，核扁、位于基底部。

（四）帕内特细胞（Paneth cell）

【取材】　小肠切片。
【染色】　HE 染色。
【高倍镜观察】　帕内特细胞位于小肠腺底部，三五成群，细胞顶部可见粗大红色的分泌颗粒，核椭圆，位于基底部。

（五）阑尾（appendix）

【取材】　阑尾切片。
【染色】　HE 染色。
【低倍镜观察】　基本结构与结肠相似，也分四层。黏膜无绒毛，上皮常有脱落，肠腺不发达，固有层淋巴组织多，并突入黏膜下层。肌层薄，也为内环、外纵两层平滑肌。外膜为浆膜。

（六）消化管的内分泌细胞（endocrine cell）

【取材】　小肠切片。
【染色】　硝酸银染色。
【高倍镜观察】　肠上皮和肠腺上皮内可见分散存在的内分泌细胞，细胞的基底部有许多染成黑色的内分泌颗粒。

四、电镜照片

【SEM 照片】　小肠绒毛：示绒毛的形态。
【TEM 照片】
1. 胃底腺主细胞　示粗面内质网、高尔基复合体和酶原颗粒。

2. **壁细胞**　示细胞内分泌小管、微管泡系统和线粒体。
3. **小肠上皮**　示吸收细胞的微绒毛、紧密连接和杯状细胞。
4. **帕内特细胞**　示粗面内质网、高尔基复合体和膜包分泌颗粒。
5. **消化管的内分泌细胞**　示游离面的微绒毛和分泌颗粒。

五、英文词汇

mucosa　黏膜
submucosa　黏膜下层
muscularis　肌层
adventitia　外膜
lamina propria　固有层
muscularis mucosa　黏膜肌层
serosa　浆膜
fibrosa　纤维膜
plica　皱襞
surface mucous cell　表面黏液细胞

gastric pit　胃小凹
fundic gland　胃底腺
chief cell　主细胞
parietal cell　壁细胞
mucous neck cell　颈黏液细胞
intestinal villus　肠绒毛
absorptive cell　吸收细胞
small intestinal gland　小肠腺
Paneth cell　帕内特细胞

六、思　考　题

1. 光镜下食管、胃、回肠和结肠的黏膜结构有何区别？
2. 皱襞、绒毛、微绒毛、纹状缘有何区别？
3. 怎样区别胃小凹与胃底腺？

七、本章小结

消化管壁（除口腔与咽外）自内向外分为黏膜、黏膜下层、肌层和外膜。黏膜由上皮、固有层和黏膜肌层组成，是消化管各段结构差异最大、功能最重要的部分。食管上皮为未角化的复层扁平上皮；黏膜下层含有食管腺；肌层上 1/3 段为骨骼肌，下 1/3 段为平滑肌，中 1/3 段兼具两者。胃表面有胃小凹；胃的单层柱状上皮主要由表面黏液细胞组成，无杯状细胞；固有层内胃底腺中最多的细胞是主细胞和壁细胞。小肠腔面有皱襞和肠绒毛，绒毛由上皮和固有层向肠腔突出形成，绒毛下方固有层中还有小肠腺和淋巴小结。小肠上皮为单层柱状，绒毛部上皮由吸收细胞和杯状细胞等组成，小肠腺上皮除上述细胞外，还有特征性的帕内特细胞。绒毛中轴固有层结缔组织内有中央乳糜管、有孔毛细血管和平滑肌细胞，与物质的吸收和转运相关。十二指肠的黏膜下层内有大量黏液性的十二指肠腺。结肠黏膜表面光滑，无绒毛；上皮为单层柱状，由吸收细胞和大量杯状细胞组成；固有层内有密集的大肠腺，含大量杯状细胞。

（张仁东）

第11章 消化腺（digestive gland）

一、目的要求

1. 掌握 胰腺和肝的结构；浆液性细胞和黏液性细胞的结构特点。
2. 熟悉 唾液腺的一般结构。
3. 了解 胆囊的结构。

二、观察标本

（一）舌下腺（sublingual gland）

【片号】
【取材】 舌下腺切片。
【染色】 HE 染色。
【肉眼观察】 标本可见一些染成紫蓝色的团块，即为小叶。
【低倍镜观察】 可见表面的被膜，被膜的结缔组织深入腺实质，将其分隔成许多大小不等的小叶。小叶内有许多圆形或不规则形、染色深浅不一的腺泡；小叶间结缔组织内有较大的血管、导管和神经（图11-1）。
【高倍镜观察】

1. 腺泡 多数为黏液性和混合性，浆液性很少。在三类腺泡的腺细胞和基膜之间均有扁平、多突起的肌上皮细胞，但因胞质少，标本上仅见其核呈三角形或扁圆形（图11-2）。

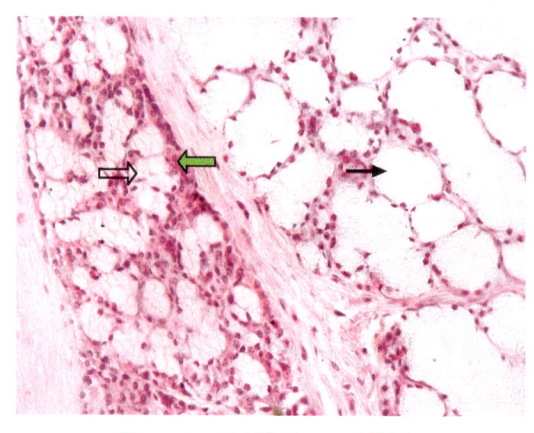

图 11-1 舌下腺（HE，低倍）　　　　　图 11-2 舌下腺（HE，高倍）
↑黏液性腺泡；⇧混合性腺泡；⇧浆半月　　＊黏液性腺泡；★混合性腺泡；⇧浆半月；⇧导管

（1）**黏液性腺泡**：染色很浅。腺细胞胞质呈空泡状；核扁圆，位于细胞基底部。
（2）**浆液性腺泡**：染色深。细胞顶部含有许多红色的分泌颗粒，基部胞质嗜碱性；核圆，位于细胞偏基底部。

第 11 章 消化腺（digestive gland）

（3）**混合性腺泡**：由黏液性和浆液性两种细胞组成。多数是在黏液性腺泡的一侧附有数个浆液性细胞，此即**浆半月**。

2. 导管 舌下腺无闰管，纹状管也不明显。小叶间结缔组织内有小叶间导管，由单层柱状或假复层柱状上皮围成（图11-2）。

【高倍镜下绘图】

名称：舌下腺。

标注：黏液性腺泡，肌上皮细胞；混合性腺泡，浆半月。

（二）胰腺（pancreas）

【片号】

【取材】 胰腺切片。

【染色】 HE 染色。

【肉眼观察】 标本可见一些大小不等的团块，为**胰腺小叶**。

【低倍镜观察】 结缔组织深入胰腺实质，将其分隔成许多小叶。小叶内大部分染色较深，属于外分泌部，其中分散有染色较浅、大小不等的细胞团，为内分泌部，又称**胰岛**；小叶间结缔组织内有血管和导管等（图11-3）。

【高倍镜观察】

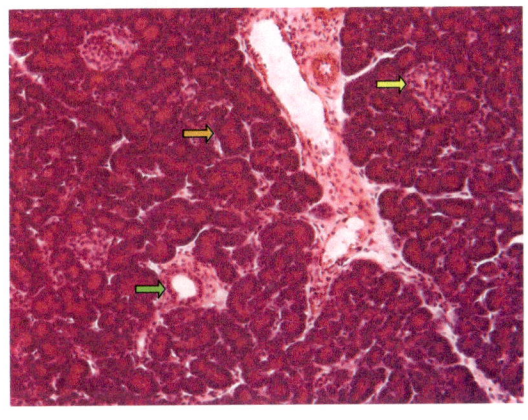

图 11-3 胰腺（HE，低倍）

⬆腺泡，⬆胰岛，⬆小叶内导管

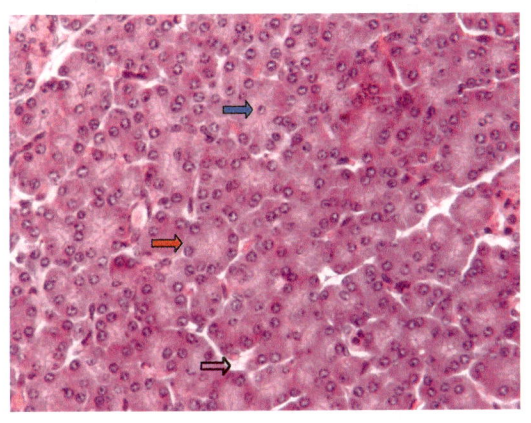

图 11-4 胰腺（HE，高倍）

⬆浆液性腺泡；⬆泡心细胞；⬆腺泡间结缔组织

1. 外分泌部 由腺泡和导管组成。

（1）腺泡：属浆液性，无肌上皮细胞。胰腺泡细胞呈锥体形；细胞基部嗜碱性，顶部含有很多染成红色的分泌颗粒；核圆，位于细胞偏基底部。腺泡中央有泡心细胞，可见其圆形或卵圆形的细胞核，看不清细胞质（图11-4）。

（2）导管：在小叶内有单层扁平或单层立方上皮围成的闰管和小叶内导管，在小叶间有单层柱状上皮围成的小叶间导管。

2. 内分泌部 胰岛为大小不等的细胞团，染色较浅。胰岛细胞较小，细胞排列成团索状；细胞间有毛细血管，但多因管腔塌陷而不易辨认。胰岛内的各种内分泌细胞在 HE 染色标本中难以区分。

【高倍镜下绘图】
名称：胰腺。
标注：胰腺泡细胞，泡心细胞；胰岛；腺泡间结缔组织。

（三）肝（liver）

【片号】
【取材】 人肝切片。
【染色】 HE 染色。
【低倍镜观察】 人肝的肝小叶之间结缔组织很少，相邻肝小叶常连成一片，分界不清，故在识别肝小叶时应先找到中央静脉。中央静脉管腔多数近似圆形，管壁不完整；其周围结缔组织很少，无其他管道伴行。肝索以中央静脉为中心向周围大致呈放射状排列，并相互吻合，肝小叶周边部分的肝索排列较紊乱。肝索之间的不规则腔隙，即为肝血窦。门管区在相邻的几个肝小叶之间，此处结缔组织较多，内含三种并行的管道，即小叶间静脉、小叶间动脉和小叶间胆管（图 11-5）。

【高倍镜观察】
1. 肝小叶 仔细观察中央静脉、肝细胞和肝血窦。
（1）中央静脉：管壁薄，仅由内皮和少量结缔组织构成。管壁上有肝血窦的开口，二者的内皮相连续。
（2）肝细胞：呈多边形，体积较大。细胞核圆，居中，染色浅，有的肝细胞有双核。胞质嗜酸性，染色较红，含有颗粒状或小块状的嗜碱性物质，细胞质内丰富的细胞器和内含物需用电子显微镜或特殊染色才能显示。肝细胞单层排列，形成条索状的肝索（思考肝索和肝板之间的关系）（图 11-6）。
（3）肝血窦：位于肝索之间，形状不规则。窦壁的内皮细胞紧贴肝索，核呈扁圆形。窦腔内有肝巨噬细胞，该细胞核圆，胞质染成粉红色（图 11-6）。
2. 门管区 注意识别门管区内的三种管道。由于这三种管道在门管区不断分支，因此在同一门管区内有时可见有粗细和管壁厚薄不同的同一种管道（图 11-6）。

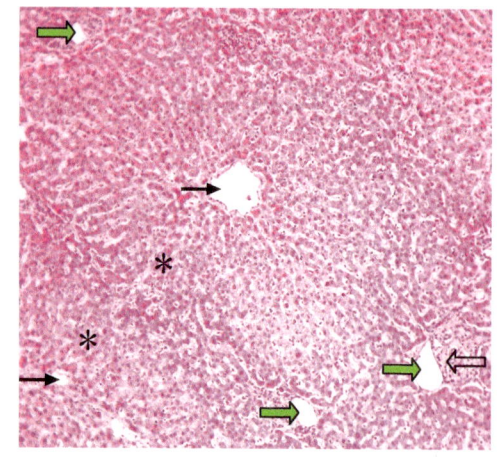

图 11-5 人肝切片（HE，低倍）
＊肝小叶；↑中央静脉；⇧门管区；⇨小叶间静脉

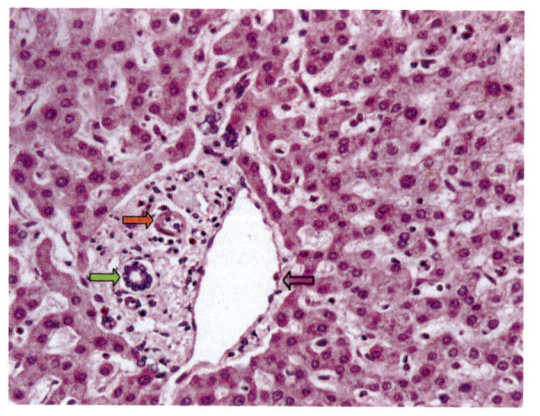

图 11-6 肝门管区（HE，高倍）
⇧小叶间静脉；⇨小叶间动脉，⇨小叶间胆管

（1）小叶间静脉：腔较大而不规则；管壁薄，内衬内皮。
（2）小叶间动脉：腔小；管壁相对较厚，内衬内皮，外可见有环形平滑肌。
（3）小叶间胆管：腔较小；管壁为单层立方上皮，核圆，染色较深，排列较密，胞质色浅。

【高倍镜下绘图】
名称：肝。
标注：肝小叶，中央静脉，肝索，肝血窦；门管区结缔组织，小叶间静脉，小叶间动脉，小叶间胆管。

（四）胆囊（gall bladder）

【片号】
【取材】 胆囊切片。
【染色】 HE染色。
【肉眼观察】 标本染成紫蓝色、高低不平的一侧为黏膜，其深部染成红色的为肌层，再向外为外膜。

【低倍镜观察】 胆囊壁从内向外分为黏膜、肌层和外膜三层（图11-7）。

1. 黏膜 黏膜形成皱襞，突入腔内，故表面起伏不平。上皮为单层柱状上皮，无杯状细胞；固有层较薄，内有上皮下陷形成的隐窝即黏膜窦，在切面上有的呈现为封闭的腔。

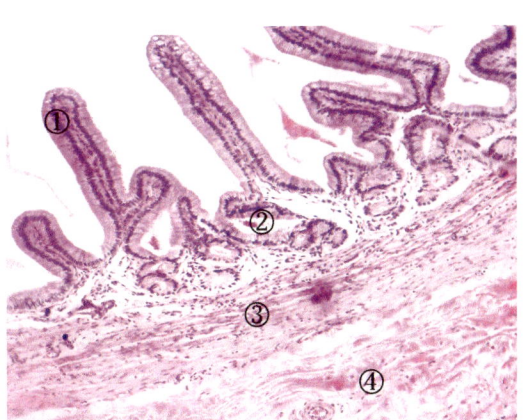

图 11-7 胆囊（HE，低倍）
①黏膜皱襞；②黏膜窦；③肌层；④外膜

2. 肌层 平滑肌纤维排列不规则，多为斜行。
3. 外膜 较厚，大部分为浆膜。

【低倍镜下绘图】
名称：胆囊。
标注：黏膜皱襞，单层柱状上皮，固有层，黏膜窦；肌层；外膜。

三、示　教

（一）肝巨噬细胞（macrophage）

【取材】 大白鼠或兔活体注射台盼蓝后的肝切片。
【染色】 HE染色。
【高倍镜观察】 可见肝血窦腔内有许多肝巨噬细胞，其胞体较大，形状不规则，胞质内含有许多被吞噬的台盼蓝颗粒（蓝色）。

（二）胆小管（bile canaliculus）

【取材】 肝脏切片。
【染色】 碱性磷酸酶组织化学染色。
【低倍镜观察】 可见呈黑褐色线状、彼此连接成网的结构，即为胆小管。

四、电镜照片

【SEM 照片】 肝小叶：示肝细胞、胆小管、肝血窦、肝巨噬细胞、肝血窦内皮和窦周隙。

【TEM 照片】

1. 肝细胞 示肝细胞核、粗面内质网、线粒体、高尔基复合体、溶酶体和胆小管。
2. 贮脂细胞 示贮脂细胞核和脂滴。
3. 胰腺泡细胞 示酶原颗粒、粗面内质网和胰腺泡细胞核。
4. 胰岛 示 A 细胞、B 细胞、B 细胞分泌颗粒、胰腺泡细胞和泡心细胞。

五、英文词汇

serous cell　浆液性细胞
mucous cell　黏液性细胞
pancreatic acinar cell　胰腺泡细胞
pancreas islet　胰岛
hepatic lobule　肝小叶
hepatocyte　肝细胞
hepatic sinusoid　肝血窦
Kupffer cell　库普弗细胞（肝巨噬细胞）
perisinusoidal space　窦周隙
fat-storing cell　贮脂细胞
bile canaliculus　胆小管
portal area　门管区

六、思考题

1. HE 染色标本中怎样区别黏液性细胞和浆液性细胞？
2. 胰腺泡细胞的光镜结构有什么特点？HE 染色如何识别胰岛？
3. 光镜下如何识别中央静脉？小叶间静脉、小叶间动脉和小叶间胆管的结构有什么区别？

七、本章小结

消化腺分为大消化腺和小消化腺。大消化腺包括大唾液腺、胰腺和肝脏。大唾液腺均为复管泡状腺，由腺泡（浆液性、黏液性、混合性）和导管组成。胰腺实质由外分泌部和内分泌部组成。外分泌部为纯浆液性复管泡状腺，由腺泡和多级导管组成，腺泡腔面有泡心细胞，腺细胞为胰腺泡细胞；内分泌部又称胰岛，是由内分泌细胞组成的细胞团，散在于外分泌部中，HE 染色不易区分其细胞类型。肝小叶是肝的基本结构和功能单位，呈不规则的棱柱体，其中央有中央静脉，肝细胞单层排列形成的肝板（切面称肝索）以中央静脉为中心呈放射状排列，肝板之间为肝血窦（窦腔内有肝巨噬细胞），肝血窦壁与肝板之间有窦周隙，相邻肝细胞的质膜局部凹陷形成胆小管。相邻肝小叶之间的结缔组织小区为门管区，内有小叶间静脉、小叶间动脉和小叶间胆管。胆囊壁从内向外分为黏膜、肌层和外膜三层。

（文晓红）

第 12 章 呼吸系统（respiratory system）

一、目的要求

1. **掌握** 气管壁的结构；肺泡的结构；细支气管的结构特点。
2. **熟悉** 肺泡管和肺泡囊的结构特点。
3. **了解** 呼吸性细支气管、小支气管和终末细支气管的结构特点。

二、观察标本

（一）气管（trachea）

【片号】
【取材】 气管横切片。
【染色】 HE 染色。
【肉眼观察】 气管壁呈环形。管壁的内表面染成粉红色，为黏膜层；其外是染色较浅的黏膜下层；最外的外膜中有染成浅蓝色的透明软骨。
【低倍镜观察】 区分气管壁的三层结构，从腔内向外依次为黏膜、黏膜下层和外膜，三层之间没有明显的分界（图 12-1）。
【高倍镜观察】
1. **黏膜** 由上皮和固有层构成。表面为上皮，上皮深面为固有层（图 12-2）。

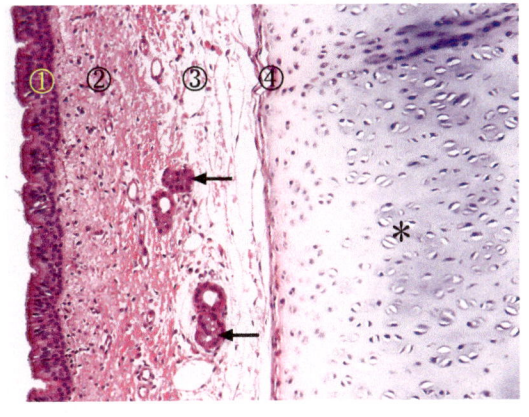

图 12-1 气管横切面（HE，低倍）
①假复层纤毛柱状上皮；②固有层；③黏膜下层；④外膜
↑气管腺；*透明软骨

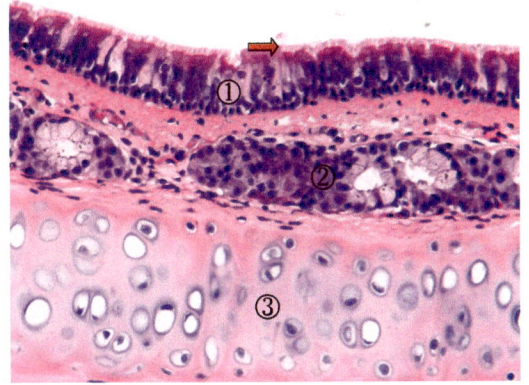

图 12-2 气管横切面（HE，高倍）
①假复层纤毛柱状上皮；↑纤毛；②气管腺；③透明软骨

（1）上皮：为假复层纤毛柱状上皮。游离面有纤毛，呈粉红色细丝状。上皮细胞高矮不一，细胞核排列在不同的高度，很像复层上皮，可分辨纤毛细胞、杯状细胞等。上皮下有较明显的基膜，呈粉红色带状结构。

（2）固有层：由细密结缔组织构成。内含丰富的弹性纤维（断面呈红色点状），还可见气管腺的导管。

2. 黏膜下层 由疏松结缔组织构成，与固有层无明显界限。含有混合性腺（浆液性和黏液性分泌部及其导管），又称气管腺（图 12-2）。

3. 外膜 由透明软骨环和疏松结缔组织构成。由于切面关系，软骨环可能呈节段样，其表面为致密结缔组织构成的软骨膜，染成粉红色；软骨基质和软骨细胞的结构详见第 4 章。软骨环缺口处，有弹性纤维组成的韧带和平滑肌束，还可见较多的气管腺（图 12-2）。

【高倍镜下绘图】
名称：气管黏膜和黏膜下层。
标注：黏膜，假复层纤毛柱状上皮，纤毛，固有层；黏膜下层，气管腺。

（二）肺（lung）

【片号】
【取材】 肺切片。
【染色】 HE 染色。
【肉眼观察】 标本呈网状，密布大小不等的泡状空隙。
【低倍镜及高倍镜观察】 注意切片周边有无胸膜脏层（被覆有间皮），这由取材情况而定。切片中可见大量呈空泡状的肺泡，其间散在分布小支气管及其各级分支的切面，可有血管伴行。肺实质分为呼吸部和导气部两部分（图 12-3，图 12-4）。

1. 呼吸部 包括呼吸性细支气管、肺泡管、肺泡囊和肺泡。

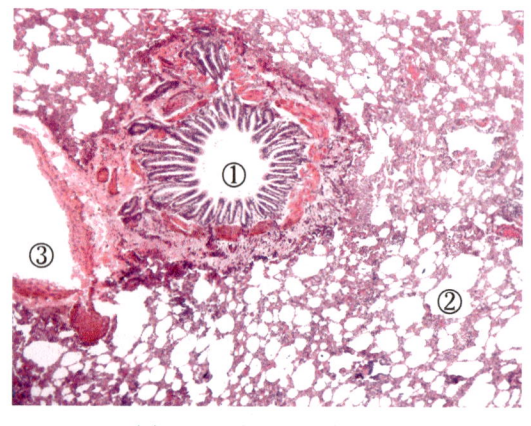

图 12-3 肺（HE，低倍）
①细支气管；②肺泡囊；③血管

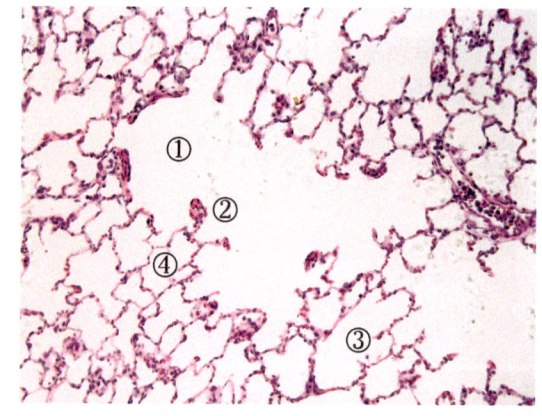

图 12-4 肺（HE，高倍）
①呼吸性细支气管；②肺泡管；③肺泡囊；④肺泡

（1）肺泡：为大小不等、形状不一的空泡状结构。肺泡可呈封闭的环形，也可有开口而呈"C"字形，这由切片的位置而定。肺泡壁很薄，由单层肺泡上皮组成。相邻肺泡之间的薄层结缔组织为肺泡隔。

（2）肺泡囊：为多个肺泡共同开口所围成的空间。在相邻肺泡开口处的肺泡隔末端没有结节状膨大。

（3）肺泡管：也是由多个肺泡围成，但在相邻肺泡开口处的肺泡隔末端有结节状膨大，染成粉红色，这样的结节状膨大所围成的管壁很不完整的通道，即为肺泡管。

（4）呼吸性细支气管：管壁上有少量肺泡开口，故管壁不完整。

2. 导气部 包括叶支气管、段支气管、小支气管、细支气管和终末细支气管。主要寻找和观察小支气管和细支气管的切面。

（1）小支气管：管壁结构与主支气管相似。黏膜与黏膜下层之间有断续的平滑肌纤维，黏膜下层内有少量腺体，外膜中有大小不等的软骨片。

（2）细支气管：管径细，管壁薄，管壁分层已不明显。黏膜常形成皱襞突入管腔。上皮由假复层纤毛柱状逐渐变为单层纤毛柱状；杯状细胞、腺体和软骨片很少或消失；环形平滑肌纤维增多。

（3）终末细支气管：管径更细，管壁更薄。上皮为单层柱状；无杯状细胞、腺体和软骨片；有较完整的环形平滑肌层。

【低倍镜下绘图】

名称：肺。

标注：细支气管，肺泡管，肺泡囊，肺泡，肺泡隔。

三、示　教

（一）Ⅱ型肺泡细胞（type Ⅱ alveolar cell）

【取材】 肺切片。

【染色】 HE 染色。

【高倍镜观察】 Ⅱ型肺泡细胞散在分布，略凸向肺泡腔。细胞呈立方形或圆形，核圆，胞质染色浅。

（二）肺弹性纤维

【取材】 肺切片。

【染色】 弹性纤维染色。

【高倍镜观察】 肺泡隔内可见染成棕黑色、呈细丝状的弹性纤维。

四、电镜照片

【SEM 照片】 气管假复层纤毛柱状上皮：示纤毛、杯状细胞和刷细胞。

【TEM 照片】

1. 肺泡上皮和肺泡隔　示Ⅰ型肺泡细胞、基膜和毛细血管。

2. Ⅱ型肺泡细胞　示板层小体和Ⅱ型肺泡细胞核。

五、英文词汇

pulmonary lobule　肺小叶
bronchiole　细支气管
pulmonary alveolus　肺泡
type Ⅰ alveolar cell　Ⅰ型肺泡细胞
type Ⅱ alveolar cell　Ⅱ型肺泡细胞
alveolar septum　肺泡隔
pulmonary macrophage　肺巨噬细胞
dust cell　尘细胞
blood-air barrier　气-血屏障

六、思 考 题

1. 气管和食管的光镜结构有何不同？
2. 光镜下如何识别细支气管？肺泡管和肺泡囊有什么区别？

七、本章小结

呼吸系统包括鼻、咽、喉、气管、主支气管和肺。气管管壁从内向外分为黏膜、黏膜下层和外膜。黏膜由上皮和固有层构成，上皮为假复层纤毛柱状上皮；黏膜下层含有混合性腺；外膜有透明软骨环。肺实质分为导气部和呼吸部。导气部包括叶支气管、段支气管、小支气管、细支气管和终末细支气管，其管壁上皮由假复层纤毛柱状逐渐变为单层柱状，杯状细胞、腺体和软骨片减少或消失，环形平滑肌纤维增多。呼吸部包括呼吸性细支气管、肺泡管、肺泡囊和肺泡。每一细支气管连同以下各级分支和肺泡组成肺小叶，是肺的结构单位。肺泡上皮由Ⅰ型肺泡细胞和Ⅱ型肺泡细胞组成。Ⅰ型肺泡细胞扁平菲薄，覆盖了肺泡约 95% 的表面积；Ⅱ型肺泡细胞呈立方形或圆形，含较多的板层小体。相邻肺泡之间的薄层结缔组织为肺泡隔，内有连续型毛细血管、弹性纤维及肺巨噬细胞等。气 - 血屏障是肺泡与血液之间进行气体交换所通过的结构。

（文晓红）

第13章 泌尿系统（urinary system）

一、目的要求

1. **掌握** 肾小体的结构；肾泌尿小管各段的分布及结构特点；致密斑的位置和结构。
2. **熟悉** 膀胱壁的结构。
3. **了解** 输尿管壁的结构特点。

二、观察标本

（一）肾（kidney）

【片号】

【取材】 肾切片。

【染色】 HE染色。

【肉眼观察】 标本近似扇形，微凸的弧面为肾表面。

【低倍镜观察】 从肾表面向深层观察，依次为被膜、皮质和髓质（图13-1）。

1. **被膜** 位于肾的表面，由致密结缔组织构成。
2. **皮质** 在被膜的下方，分为皮质迷路和髓放线两部分。

（1）**皮质迷路**：有许多圆球形的肾小体，散在分布；肾小体周围有近曲小管和远曲小管的断面。

（2）**髓放线**：位于皮质迷路之间。由成束的管道组成，大致与肾表面垂直，为多条纵切或斜切的髓袢和集合管。

3. **髓质** 密布横切、斜切或纵切的髓袢和集合管的断面，但无肾小体。

【高倍镜观察】

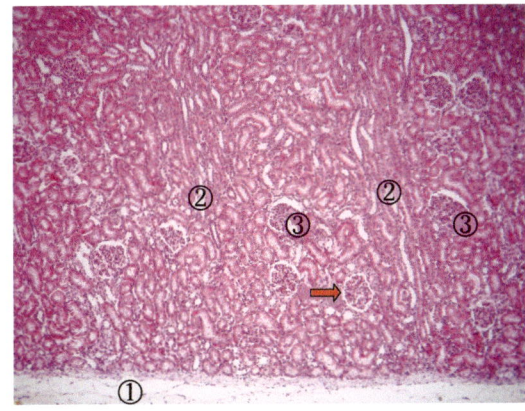

图13-1 肾切片（HE，低倍）
①被膜；②髓放线；③皮质迷路；➡肾小体

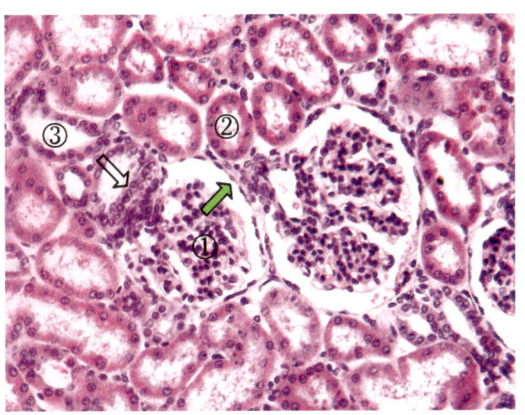

图13-2 肾皮质迷路（HE，高倍）
①血管球；②近曲小管；③远曲小管；⬆肾小囊壁层；⬆致密斑

· 55 ·

1. 皮质 在皮质迷路中仔细观察肾小体、近曲小管和远曲小管。

（1）肾小体：肾小体有两极，有微动脉出入的一端，即杯形肾小囊的杯口处，是肾小体的血管极；另一端在血管极对侧，称尿极，尿极与近曲小管相通（切片上不易见到）。肾小体由肾小囊和血管球组成。

肾小囊：为杯状双层上皮囊。肾小囊壁层为单层扁平上皮，脏层的上皮紧贴血管球，两层之间的腔隙为肾小囊腔。

血管球：镜下只见成团的细胞。其内有毛细血管内皮细胞、球内系膜细胞、足细胞等，还可见血细胞，但各种细胞难以区分。

（2）近曲小管：断面数量多。管壁厚，管腔小而不规则。管壁上皮细胞为单层立方或锥体形，细胞较大，分界不清；核圆，位于近基底部；胞质强嗜酸性，染成深红色；细胞游离面有高低不平、染成红色的刷状缘。

（3）远曲小管：断面数量较近曲小管少。管腔较大而规则。管壁上皮细胞为单层立方形，细胞较小，分界较清楚；核圆，位于中央，排列整齐；胞质嗜酸性较弱，染成浅红色；游离面无刷状缘。

2. 髓质

（1）近端小管直部和远端小管直部：其形态结构分别与近曲小管和远曲小管相似。

（2）细段：管径很细，管壁很薄。管壁为单层扁平上皮，细胞染色浅。注意和毛细血管区别。

（3）集合管：管腔大，管壁厚。管壁为单层立方或单层柱状或单层高柱状上皮，细胞大，分界较清楚，胞质染色浅而明亮。

3. 球旁复合体 在肾小体血管极处，仔细寻找远端小管断面，可见远端小管在靠近血管极一侧的管壁上皮细胞呈柱状，核椭圆形，排列紧密，位于近细胞顶部，此即致密斑。致密斑与血管极之间有一团密集的细胞，即是球外系膜细胞（图13-2）。球旁细胞在HE染色标本中难以分辨，可看示教。

【高倍镜下绘图】
名称：肾皮质迷路。
标注：血管球，肾小囊腔，肾小囊壁层，近曲小管，远曲小管，致密斑。

（二）膀胱（urinary bladder）

【片号】
【取材】 膀胱切片。
【染色】 HE染色。
【肉眼观察】 标本凹凸不平的一面为黏膜，其深部染成红色的为肌层，再向外为外膜。
【低倍镜观察】 区分管壁的三层结构，从内向外依次为黏膜、肌层和外膜。

1. 黏膜 表面为变移上皮；上皮深面为固有层，由疏松结缔组织构成。黏膜层形成的皱襞较不规则（图13-3）。

2. 肌层 厚，由内纵、中环和外纵三层平滑肌组成，各层肌纤维相互交错，分界不清（图13-3）。

3. 外膜 一般为纤维膜，由疏松结缔组织构成。在膀胱顶部则为浆膜。

【高倍镜观察】 变移上皮较厚，由数层细胞组成。表层为一层盖细胞，细胞大，呈立方形或矩形；有 1～2 个细胞核，位于细胞中央；胞质嗜酸性，染成粉红色。中间层为数层多边形细胞。基底层为一层立方或低柱状细胞（图 13-4）。

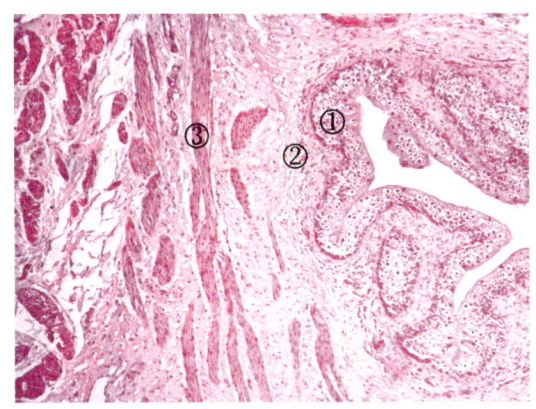

图 13-3　膀胱切片（HE，低倍）
①变移上皮；②固有层；③肌层

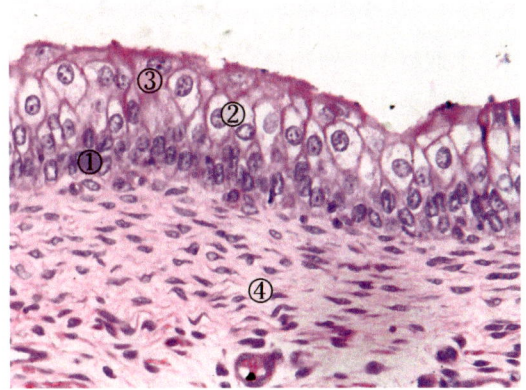

图 13-4　膀胱黏膜（HE，高倍）
①上皮基底层；②上皮中间层；③上皮表层盖细胞；④固有层

【高倍镜下绘图】
名称：膀胱黏膜。
标注：变移上皮，上皮基底层，上皮中间层，上皮表层盖细胞；固有层，疏松结缔组织。

（三）输尿管（ureter）

【片号】
【取材】　输尿管横切片。
【染色】　HE 染色。
【肉眼观察】　标本近似圆形。管径小，管腔狭小，呈星形。

【低倍镜及高倍镜观察】　区分管壁的三层结构，从内向外依次为黏膜、肌层和外膜。各层的基本结构类似膀胱壁，但输尿管壁的各层均较膀胱壁薄（图 13-5）。

1. 黏膜　黏膜形成多条纵行皱襞，皱襞较高，因此管腔狭小，呈星形。上皮为变移上皮，固有层为疏松结缔组织。

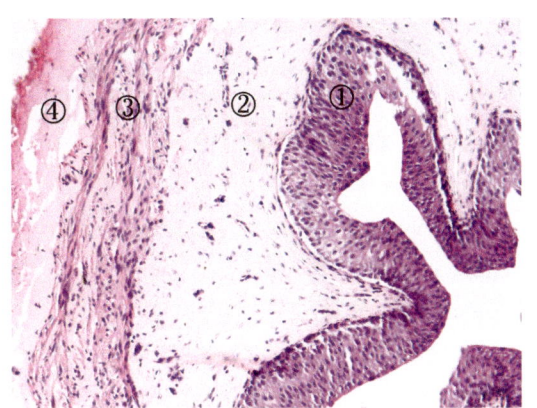

图 13-5　输尿管横切面（HE，低倍）
①变移上皮；②固有层；③肌层；④外膜

2. 肌层　由环行和纵行排列的平滑肌束组成。可能为内纵、外环两层，也可能为内纵、中环、外纵三层，这取决于取材部位。

3. 外膜　为纤维膜，由疏松结缔组织构成，与周围的结缔组织移行，无明显的界线。

【低倍镜下绘图】
名称：输尿管。
标注：黏膜，变移上皮，固有层；肌层；外膜。

三、示　教

（一）球旁细胞（juxtaglomerular cell）

【取材】　肾切片。

【染色】　HE染色。

【高倍镜观察】　球旁细胞位于入球微动脉内皮外侧。细胞体积略大，呈立方形或多边形，胞质丰富。

（二）肾血管

【取材】　肾切片。

【染色】　肾动脉卡红明胶灌注。

【低倍镜观察】　血管腔内充满红色染料。在切片内可识别直小血管、小叶间动脉、血管球和球后毛细血管网等。

四、电镜照片

【SEM照片】　肾小体：示足细胞胞体、初级突起、次级突起和红细胞。

【TEM照片】

1. **肾小体**　示足细胞胞体、肾小囊壁层、肾小囊腔和毛细血管。
2. **肾远端小管上皮细胞**　示肾小管基膜、线粒体、上皮细胞核和质膜内褶。

五、英文词汇

uriniferous tubule　泌尿小管	filtration membrane　滤过膜
nephron　肾单位	renal tubule　肾小管
medullary loop　髓袢	proximal convoluted tubule　近曲小管
renal corpuscle　肾小体	distal convoluted tubule　远曲小管
glomerulus　血管球	collecting duct　集合管
intraglomerular mesangial cell　球内系膜细胞	juxtaglomerular cell　球旁细胞
renal capsule　肾小囊	macula densa　致密斑
podocyte　足细胞	

六、思　考　题

1. 光镜下怎样区别近曲小管和远曲小管？
2. 光镜下如何识别致密斑？集合管的光镜结构有什么特点？
3. 试比较输尿管和膀胱两者的管壁在光镜结构上的异同。

七、本章小结

泌尿系统包括肾、输尿管、膀胱和尿道。肾实质分为皮质和髓质，由大量肾单位和集合管构成。肾单位是肾的结构和功能单位，由肾小体和肾小管组成。肾小体由血管球和肾小囊组成。血管球的有孔毛细血管之间有血管系膜（主要由球内系膜细胞和系膜基质构成），肾小囊的脏层为足细胞。其中，毛细血管有孔内皮、基膜和足细胞裂孔膜三层结构统称滤过屏障（滤过膜）。肾小管包括近曲小管、近直小管、细段、远直小管和远曲小管。其中，近直小管、细段和远直小管构成U形的髓袢。集合管分为弓形集合管、直集合管和乳头管。肾小管和集合管都是单层上皮性管道，合称泌尿小管。球旁复合体位于肾小体血管极，由球旁细胞、致密斑和球外系膜细胞组成。膀胱和输尿管组织结构基本相似，管壁从内向外均分为黏膜、肌层和外膜，黏膜由变移上皮和固有层构成。

（文晓红）

第 14 章 男性生殖系统（male reproductive system）

一、目的要求

1. 掌握 睾丸内间质细胞、支持细胞和各级生精细胞的分布、形状和大小等形态特征。
2. 熟悉 前列腺的组织结构。
3. 了解 附睾和输精管的组织结构。

二、观察标本

（一）睾丸（testis）

【片号】
【取材】 睾丸切片（成年大鼠）。
【染色】 HE 染色。
【肉眼观察】 睾丸切片是一实质性器官切片，主要由密集的点状结构构成。

【低倍镜观察】 肉眼所见密集的点状结构，显微镜下为密集的圆形、椭圆形和不规则形状的<u>生精小管</u>的斜切或横切面。生精小管之间的组织为<u>间质</u>，包含疏松结缔组织、血管等结构，其中，常见成团且较大的间质细胞。（另，生精小管周围也常见没有任何组织结构的空隙，它是制片过程中生精小管收缩所致人工假象。）多数切片的（部分）边缘，可见睾丸被膜——致密结缔组织性质的白膜（图 14-1）。

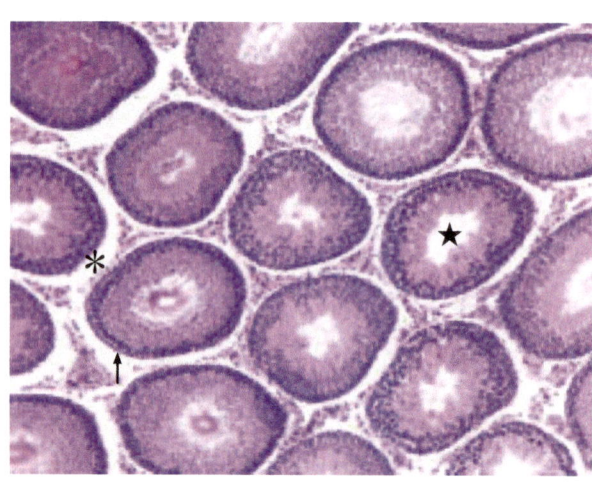

图 14-1 睾丸切片（树脂切片 HE 染色，低倍）
↑生精小管；★生精小管腔，＊生精小管周围的空隙（人工假象）

【高倍镜观察】 生精小管腔小且不规则。生精小管壁为特殊的复层上皮——<u>生精上皮</u>，由生精细胞和支持细胞组成；生精上皮外有薄层粉红色均质窄带，为<u>基膜</u>；紧贴基膜外侧可见梭形的<u>肌样细胞</u>。生精小管壁内的生精细胞和支持细胞，壁上的肌样细胞，以及生精小管间的间质细胞，都容易辨认，主要观察其细胞核的特征（图 14-2）。

1. <u>各级生精细胞</u>
（1）<u>精原细胞</u>：散布于基膜上。细胞核较小，圆形或椭圆形。
（2）<u>初级精母细胞</u>：位于精原细胞的近腔侧，或者靠近基膜（部分较小的早期精母细胞），数量较多（可多达二或三层）。细胞核较大，圆形，染色质呈粗网状或条块状，着色深。

（3）**次级精母细胞**：见于初级精母细胞处于分裂期的个别生精小管。细胞核特征与初级精母细胞相似，但较小，染色质也较致密。

（4）**精子细胞**：位于管腔侧，比精母细胞小，但数量更多（可多达三或四层）。有的细胞核为圆形（早期精子细胞或圆形精子细胞），染色质较细密，着色浅；有的细长、弯曲（晚期精子细胞或长形精子细胞），着色深。有的生精小管的腔面可见密集排列的长形精子细胞，这些细胞即将释放到生精小管腔内成为**精子**。

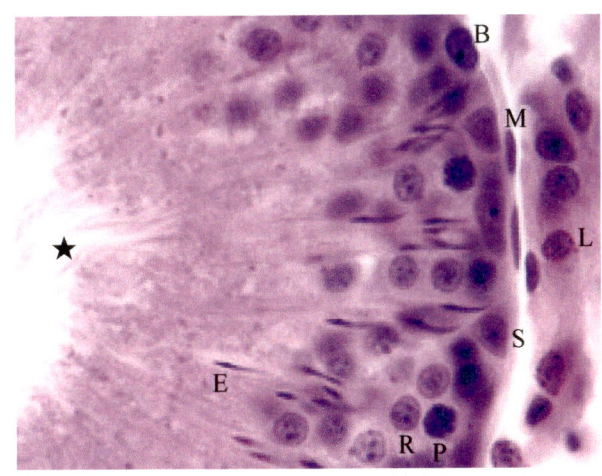

图 14-2　睾丸（树脂切片 HE 染色，油镜）

L. 睾丸间质细胞（Leydig 细胞）；M. 肌样细胞；S. 支持细胞（Sertoli 细胞）；B. 精原细胞；P. 初级精母细胞；R. 圆形精子细胞；E. 长形精子细胞；★ 生精小管腔

2. 支持细胞　细胞核散在于生精细胞之间，多靠近基膜。核呈三角形、椭圆形或不规则形，着色浅，核内常见一个较清晰的核仁。

3. 间质细胞　间质内最大的细胞，近似圆形，多成群分布。胞质有时较明显，嗜酸性；细胞中央为较大的细胞核，圆形，染色质常呈粗颗粒状。

【高倍镜下绘图】

名称：睾丸。

标注：生精小管，精原细胞，初级精母细胞，圆形精子细胞，长形精子细胞，支持细胞，生精上皮基膜，肌样细胞；间质细胞。

（二）输精管（vas deferens）

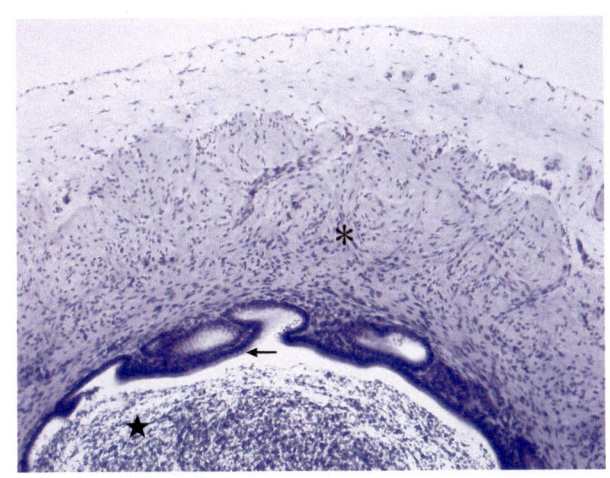

图 14-3　输精管横切面（树脂切片苏木精染色，低倍）

＊肌层；← 上皮；★ 腔内精子团

【片号】

【取材】　输精管横切片。

【染色】　HE 染色。

【低倍镜观察】　输精管的管壁厚，管腔窄，腔内可见精子团（图14-3）。

【高倍镜观察】　管壁从内向外依次为**黏膜**、**肌层**和**外膜**。

1. 黏膜　上皮为单层或假复层柱状上皮，固有层为薄层结缔组织。黏膜向腔内突出形成皱襞。

2. 肌层　较厚，为平滑肌，可见环行和纵行排列的平滑肌层。

3. 外膜　为一层富含血管和神经的疏松结缔组织。

【高倍镜下绘图】
　　名称：输精管。
　　标注：黏膜，上皮，固有层；肌层；外膜。

（三）前列腺（prostate gland）

【片号】
【取材】　前列腺切片（人）。
【染色】　HE 染色。
【低倍镜观察】　实质内可见大小不等、椭圆形和不规则形的**腺泡**切面，部分腺泡腔内可见染成红色的同心圆板层状结构，为**前列腺凝固体**。
【高倍镜观察】　腺泡上皮多为**单层立方、单层柱状**或**假复层柱状上皮**。腺泡之间的间质内富含平滑肌束（图14-4）。

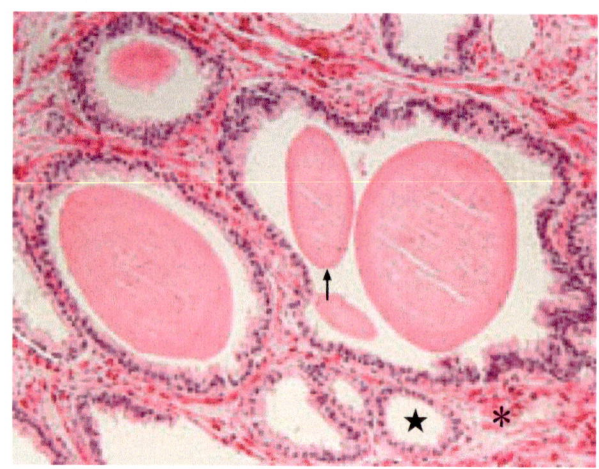

图14-4　前列腺（石蜡切片 HE 染色，高倍）
★腺泡腔；↑腺泡腔内凝固体；＊间质内平滑肌

【高倍镜下绘图】
　　名称：前列腺。
　　标注：腺泡上皮，腺泡腔，前列腺凝固体；间质内平滑肌。

三、示　教

（一）附睾输出小管（efferent duct）

【取材】　附睾切片。
【染色】　HE 染色。
【高倍镜观察】　输出小管上皮由单层高柱状细胞和低柱状细胞相间排列构成，管壁厚薄不一；管腔不规则。

（二）附睾管（epididymal duct）

【取材】　附睾切片。
【染色】　HE 染色。
【高倍镜观察】　附睾管腔内充满精子团（由非常密集的精子构成），腔面上皮为单层或假复层柱状上皮（图14-5）。

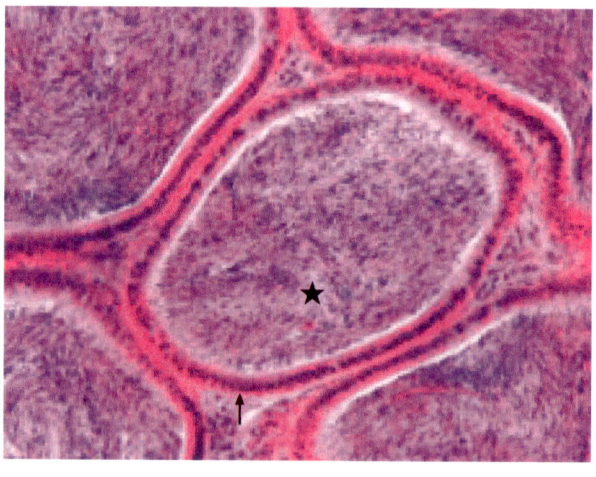

图14-5　附睾（树脂切片 HE 染色，高倍）
↑附睾管上皮；★附睾管内精子团

四、电镜照片

【SEM 照片】 示精子的形态。
【TEM 照片】 示精子、支持细胞和睾丸间质细胞的超微结构。

五、英文词汇

seminiferous tubule 生精小管
spermatogenesis 精子发生
spermiogenesis 精子形成
spermatogonium（*pl.* spermatogonia） 精原细胞
spermatocyte 精母细胞
spermatid 精子细胞
spermatozoon（*pl.* spermatozoa） 精子
acrosome 顶体
Sertoli cell 睾丸支持细胞
Leydig cell 睾丸间质细胞

六、思考题

1. 不同生精小管切面内的生精细胞种类相同吗？为什么？
2. 简述生精小管内支持细胞和生精细胞两者的空间分布。
3. 睾丸生精小管之间的间质细胞有什么形态特征（与其他细胞相比）？与生精小管内的精子发生有什么关系？

七、本章小结

睾丸是产生精子和雄激素的生殖器官。精子在生精小管壁内发育成熟，然后释放到生精小管腔，并经睾丸网进入附睾；雄激素（主要是睾酮）由生精小管间的间质细胞分泌，然后进入血循环。生精小管壁为复层的生精上皮，由支持细胞和生精细胞紧密排列而成。从基底面向腔面，生精细胞包含有几层的精原细胞、精母细胞和精子细胞。支持细胞有一层，位于生精细胞之间，其胞质包绕所有的生精细胞。精子在附睾管内贮存，并进一步发育成熟。输精管在射精时把精子输送到尿道。精子与前列腺、精囊和尿道球腺的分泌物一起构成精液。

（郭 洋 杨正伟）

第15章 女性生殖系统（female reproductive system）

一、目的要求

1. 掌握 卵巢的一般结构和各级卵泡的形态结构特征；子宫壁的一般结构；增生期和分泌期子宫内膜的结构特点。

2. 熟悉 子宫肌层的特点；白体、闭锁卵泡和间质腺的结构。

3. 了解 输卵管的结构；乳腺的一般结构；乳腺静止期和活动期的结构特点。

二、观察标本

（一）卵巢（ovary）

【片号】
【取材】 卵巢切片。
【染色】 HE 染色。

【肉眼观察】 标本近似圆形或椭圆形。周围部分较厚，内有一些大小不等的腔隙，此即卵泡腔，为皮质；中央较稀松为髓质。此外，有的切片上可见到体积较大、染成浅粉红色的圆形结构是黄体。部分标本的一端可见与卵巢系膜相连，为卵巢门。

【低倍镜观察】

1. 被膜 卵巢表面覆盖单层扁平（成年）或立方（幼年）的表面上皮，其下为薄层致密结缔组织构成的白膜（不太明显）（图 15-1）。

2. 皮质 白膜深面，卵巢的外周部分为皮质，较厚。含有不同发育阶段的卵泡、闭锁卵泡、黄体和白体等，这些结构之间为结缔组织（图 15-1）。

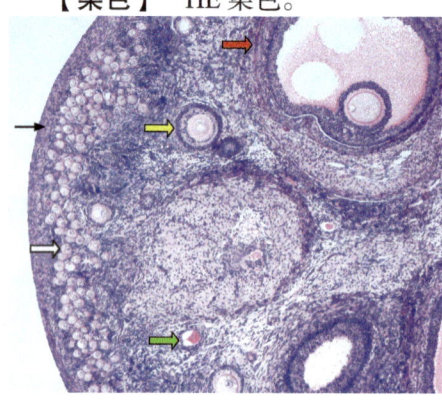

图 15-1 卵巢（HE，低倍）
⇧原始卵泡；↑初级卵泡；↑次级卵泡；
↑闭锁卵泡；↑白膜

3. 髓质 与皮质无明确界限，位于中央，狭小。为疏松结缔组织，内有丰富的血管和淋巴管。近卵巢门处可见少量形似睾丸间质细胞的门细胞。

【高倍镜观察】

1. 原始卵泡 位于皮质浅层，数量多，体积最小。卵泡圆，中央为一个圆形的初级卵母细胞，其周边为一层单层扁平的卵泡细胞包绕。初级母细胞体积大，圆形；核大而圆，着色浅淡，常有一个明显的核仁；胞质内有卵黄颗粒（不易分辨颗粒）。卵泡细胞小，细胞界限不易分清，可见其染色较深的扁圆形细胞核（图 15-2）。

2. 初级卵泡 位于原始卵泡深面，常有数个，比原始卵泡大。

较早期的初级卵泡，体积较原始卵泡大。初级卵母细胞开始增大，卵泡细胞呈单层立方或单层柱状。透明带开始形成。

稍后期的初级卵泡，体积增大。初级卵母细胞增大，卵泡细胞呈多层立方细胞。初级卵母细胞与最内层的卵泡细胞之间环形的一层均质状、嗜酸性的膜即透明带（明显）（图 15-2）。

较晚期的初级卵泡，其周围包绕有密集排列的结缔组织梭形细胞层，称卵泡膜。

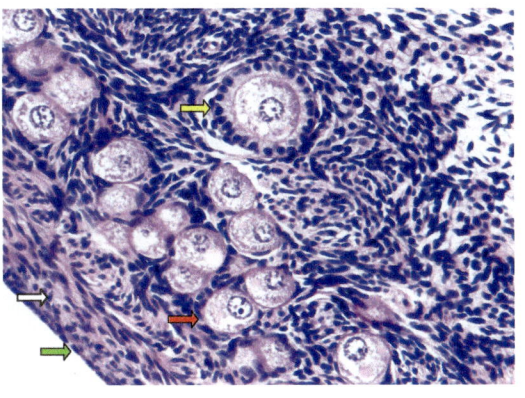

图 15-2　卵巢（HE，高倍）

⬆原始卵泡；⬆初级卵泡；⬆表面上皮；⬆白膜

3. 次级卵泡 位于皮质的深面，较初级卵泡体积进一步增大。

（1）卵泡腔：为卵泡细胞之间的一新月形的大腔，腔内常有染成浅红色的絮状物，为卵泡液中的蛋白质凝固形成。

（2）卵丘：在卵泡腔的一侧，有的可见卵丘（有的次级卵泡看不见卵丘，为什么？）。卵丘的中央为初级卵母细胞，周围有透明带、放射冠（紧靠透明带的一层高柱状卵泡细胞，呈放射状排列）和几层卵泡细胞包裹。

（3）颗粒层：卵泡腔的壁由数层卵泡细胞构成，称颗粒层。细胞界限不清，只见到密集排列的圆形细胞核。

（4）卵泡膜：在颗粒层的外面，结缔组织形成的卵泡膜增厚，分为内外两层。内膜层比较疏松，含有较多的多边形或梭形的膜细胞和丰富的毛细血管；外膜层纤维较多，细胞和血管较少，并有少许平滑肌细胞。

4. 接近成熟的卵泡 体积较次级卵泡进一步增大，位置靠近卵巢表面。初级卵母细胞很大，卵泡腔变大，颗粒层变薄，透明带增厚，放射冠细胞和卵泡细胞之间出现裂隙，卵丘与颗粒层连接部变窄。（标本上为什么很少见到成熟卵泡？）

注意：在切片中，初级卵母细胞的核常未切到。又由于切片经卵泡的部位不同，可能卵丘未切到，只能看到中空的卵泡；如果卵泡腔未切到，则只能看到一团卵泡细胞。

5. 闭锁卵泡 在卵泡发育的不同阶段闭锁以及处于闭锁过程的不同时期，故形态差异很大。早期者可见初级卵母细胞核固缩、卵泡细胞的凋亡小体（强嗜碱性染色的核碎片），以及卵泡内出现巨噬细胞和中性粒细胞；晚期者仅见透明带塌陷形成的嗜酸性不规则环状物。此外，切片中还可见一些大小不等的细胞团，是次级卵泡闭锁形成的间质腺。

【低倍镜下绘图】

名称：卵巢皮质。

标注：表面上皮，白膜；原始卵泡，初级卵母细胞，卵泡细胞；初级卵泡，透明带；次级卵泡，卵泡腔，卵丘，放射冠，卵泡膜内层，卵泡膜外层。

（二）子宫（uterus）

【片号】

【取材】　人增生期或分泌期子宫壁切片。

【染色】 HE 染色。

【肉眼观察】 标本近似长方形。着色偏紫蓝色的一端为内膜；染成粉红色、很厚的部分是肌层。

【低倍镜及高倍镜观察】 区分子宫壁的三层结构，由内向外依次为内膜、肌层和外膜。

1. 内膜 由上皮和固有层组成。上皮为单层柱状，由大量分泌细胞和散在的纤毛细胞组成。固有层内有子宫腺，呈单管状，由单层柱状上皮围成；腺体之间为结缔组织，含有丰富的网状纤维（HE 染色下观察不到），其中的细胞成分主要是内膜基质细胞。部分切片中可见固有层中有较多的不甚规则的小动脉切面，即**螺旋动脉**（图 15-3）。

仔细观察，可将固有层分为界限不明显的两层：功能层近腔面，较厚，其子宫腺较大，基质细胞较分散，染色稍浅；基底层靠近肌层，较薄，其子宫腺较小，腺周的基质细胞较多而密集，染色较深。

增生期子宫内膜：子宫腺较少，腺腔较直，狭窄且规则，子宫腺腺细胞染色较深（图 15-3）。

分泌期子宫内膜：内膜进一步增厚，呈海绵状。子宫腺较多、较密集，腺腔扩大，形态弯曲不规则，腔内常见嗜酸性分泌物，腺细胞的胞质着色较浅。在固有层细胞间可见红色的均质状液体，即为**水肿现象**，并可见较多的白细胞。内膜中螺旋动脉长、弯曲，伸达内膜表面，血管腔内充满红细胞，称为**充血**（图 15-3）。

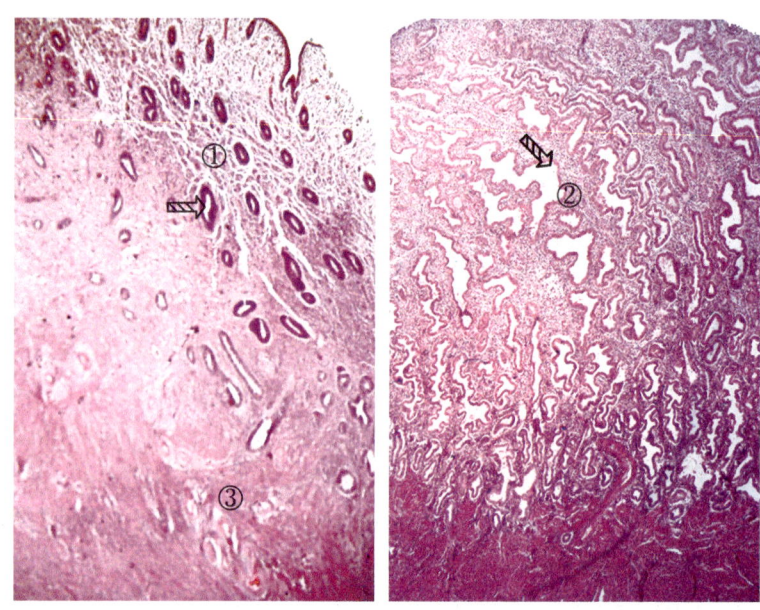

图 15-3 子宫（HE，低倍）

①增生期内膜；②分泌期内膜；③肌层；⬆子宫腺

你观察的标本属于哪一期？

2. 肌层 最厚，占子宫壁的大部分。可见大量平滑肌束的不同切面，肌束走向较乱，互相交织；肌束之间有少量疏松结缔组织分隔。肌层分层不易分辨，由内向外大致可分为三层：**黏膜下层**、**中间层**和**浆膜下层**。黏膜下层和浆膜下层较薄，主要为纵行平滑肌束；中间层较厚，以环行平滑肌束为主，有较大的血管穿行其间（图 15-3）。

3. 外膜 子宫体、底部为**浆膜**，其余部位为**纤维膜**。

【低倍镜下绘图】
　　名称：子宫内膜和部分肌层。
　　标注：子宫内膜，单层柱状上皮，固有层，子宫腺，结缔组织；子宫肌层。

（三）输卵管（oviduct）

【片号】
【取材】　输卵管横切面。
【染色】　HE 染色。
【肉眼观察】　标本近似圆形。腔面有很多染成紫蓝色的皱襞为黏膜突起，其外染成粉红色的环状结构为管壁其他部分。
【低倍镜观察】　管壁由内向外依次为黏膜、肌层和浆膜（图 15-4）。

1. 黏膜　黏膜局部突向管腔形成许多有分支的皱襞，使管腔狭小，只留下不规则的裂隙（此为输卵管的特点）。黏膜表面为单层柱状上皮，其下是薄层细密结缔组织，即固有层，其内含较多血管。

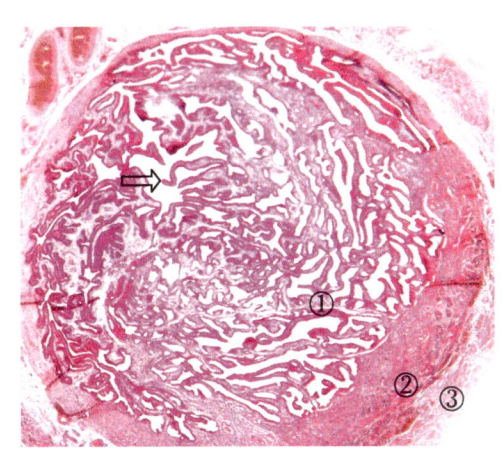

图 15-4　输卵管（HE，低倍）
①黏膜；②肌层；③浆膜；⇧黏膜皱襞

2. 肌层　肌层为内环、外纵两层平滑肌，但无明显分界。纵行肌排列很分散，其周围充满大量结缔组织和血管。

3. 浆膜　浆膜被覆间皮，其下为富含血管的疏松结缔组织。

【高倍镜观察】　输卵管的上皮为单层柱状上皮，由两种细胞组成：一种是纤毛细胞，细胞较大，胞核呈圆形或椭圆形，染色较浅，细胞游离面有纤毛；另一种是分泌细胞，细胞较小，夹于纤毛细胞之间，胞核呈长椭圆形，染色较深，胞质嗜酸性。

【低倍镜下绘图】
　　名称：输卵管。
　　标注：输卵管黏膜，单层柱状上皮，固有层；肌层；浆膜。

三、示　教

（一）黄体（corpus luteum）

【取材】　兔卵巢切片。
【染色】　HE 染色。
【低倍镜观察】　黄体很大，为一细胞团，近似圆形或椭圆形。中央染成红色的区域为凝血块，周围是许多黄体细胞呈条索状放射状排列，两种黄体细胞难以区分。

（二）白体（corpus albicans）

【取材】　人卵巢切片。
【染色】　HE 染色。
【低倍镜观察】　白体表面包裹着结缔组织的被膜，结缔组织伸入白体将其分隔成小区。

（三）静止期乳腺（mammary gland，resting period）

【取材】　人静止期乳腺切片。

【染色】　HE 染色。

【低倍镜观察】　切片内有大量疏松结缔组织和脂肪组织。乳腺小叶较分散，小叶是由腺泡、导管和一些结缔组织组成，但腺泡和导管不易区别。

（四）活动期乳腺（mammary gland，active period）

【取材】　人授乳期乳腺切片。

【染色】　HE 染色。

【低倍镜观察】　可见大量的腺泡，腺泡腔很大，腔内常见嗜酸性分泌物（乳汁）。少量结缔组织将乳腺分隔成小叶，血管、神经和小叶间导管走行于小叶间结缔组织内。

四、电镜照片

【SEM 照片】　示卵细胞（附着大量精子）。

【TEM 照片】　示原始卵泡、初级卵泡、颗粒黄体细胞和膜黄体细胞。

五、英文词汇

oocyte　卵母细胞
follicular cell　卵泡细胞
zona pellucida　透明带
corona radiata　放射冠
theca cell　膜细胞
ovulation　排卵

corpus luteum　黄体
perimetrium　子宫外膜
myometrium　子宫肌层
endometrium　子宫内膜
menstrual cycle　月经周期

六、思　考　题

1. 光镜下如何区别原始卵泡、初级卵泡和次级卵泡？

2. 一个正常未婚女子在月经周期第 20 天时，其卵巢和子宫内膜各有哪些结构特点？

3. 怎样识别增生期子宫内膜和分泌期子宫内膜？

七、本章小结

卵巢实质分皮质和髓质。皮质主要含不同发育阶段的卵泡和黄体。髓质为疏松结缔组织。卵泡由卵母细胞和卵泡细胞组成。卵泡的发育分四个阶段，主要特点是：原始卵泡的卵泡细胞呈单层扁平状；初级卵泡的卵泡细胞呈单层立方或多层，在卵母细胞和卵泡细胞间出现了嗜酸性的透明带；次级卵泡的卵泡细胞之间出现腔隙，逐渐融合为卵泡腔，并出现颗粒层和卵丘，卵泡膜更明显；成熟卵泡开始于晚期次级卵泡，但体积更大，凸向卵巢表面。子宫壁由内向外分为内膜、肌层和外膜。子宫内膜由单层柱状上皮和固有层构成;在功能上可分为表浅的功能层和深面的基底层。自青春期开始,子宫内膜发生周期性的改变称月经周期,分为月经期、增生期和分泌期,各期在厚度、子宫腺、螺旋动脉、基质细胞、组织液等方面发生变化。

(李 静)

第16章 皮肤（skin）

一、目的要求

1. 掌握 表皮和真皮的组织结构。
2. 熟悉 皮下组织、汗腺、皮脂腺和毛的结构。
3. 了解 触觉小体、环层小体的位置和结构。

二、观察标本

（一）无毛皮（hairless skin）

【片号】
【取材】 人手指掌侧皮肤垂直切片。
【染色】 HE 染色。
【肉眼观察】 切片的一侧染深红色的部分是表皮的角质层，它与其深面染紫蓝色的部分共同构成表皮；表皮深面染粉红色的部分为真皮；再深面染色更浅、呈空网状的部分是皮下组织。

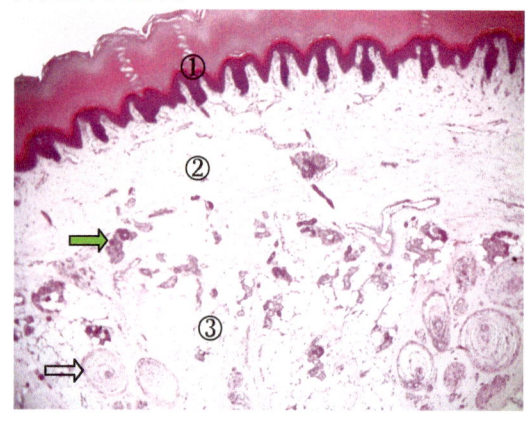

图 16-1　手指掌面皮肤（HE，低倍）
①表皮；②真皮；③皮下组织；⇨汗腺；⇧环层小体

【低倍镜及高倍镜观察】

1. 表皮 为角化的复层扁平上皮，其基部与真皮交界处凹凸不平。表皮由深到浅可分为五层（图16-1）：

（1）基底层：为表皮最深部的一层细胞。细胞呈低柱状，胞质染色较深，嗜碱性，细胞界限不清。此层中有一些胞质清亮、核椭圆深染的圆形细胞，为黑素细胞。

（2）棘层：在基底层浅部，由多层多边形细胞（棘细胞）组成。细胞较大，胞质弱嗜碱性；调暗视野光线，可见相邻细胞间有许多短小的棘状突起镶嵌连接。

（3）颗粒层：在棘层浅部，由3～5层梭形细胞组成。细胞质内有染成深蓝色的透明角质颗粒。

（4）透明层：在颗粒层表面，由几层扁平细胞组成。但切片中已看不出细胞的结构，细胞核已消失，细胞界限不清，呈一薄层粉红色发亮的均质结构。

（5）角质层：表皮最浅部，由数十层扁平细胞组成，很厚。细胞核消失，细胞轮廓不清，呈均质状（细胞层间常见人工裂隙），染成红色。角质层中可见成串的圆形小腔隙，为螺旋状走形的汗腺导管横切面。

2. 真皮 主要由致密结缔组织构成（图16-1）。
（1）乳头层：为真皮的浅层，染色较浅，纤维较细。乳头层向表皮层底部伸出的突起即称真皮乳头。沿着乳头层寻找，有的乳头内可见一粉红色的椭圆形小体，即触觉小体；有的则有较多的毛细血管分布。

（2）网织层：为真皮的深层，较厚，是典型的不规则致密结缔组织。纤维粗大成束，纵横交织，切片上胶原纤维束呈许多大小不等、形状不规则、排列方向不一致的粉红色条状结构；纤维束之间有各种形态的细胞核，主要是成纤维细胞的细胞核。网织层内除有血管、大小不等的神经纤维束、环层小体外，还有许多汗腺分泌部和导管的断面。

3. 皮下组织 在真皮深部，结构疏松，染色浅。注意与真皮区别：富含脂肪组织（图16-1）。

观察脂肪组织：脂肪细胞很大，圆形或椭圆形；胞质里充满了脂滴，制片时脂质溶解而成空泡状；胞核被挤到细胞边缘呈弯月形，染色较深。有的脂肪细胞看不到细胞核（为什么？）。大量的脂肪细胞群被结缔组织分隔成脂肪小叶。

在真皮深层或皮下组织中寻找环层小体：环层小体很大，圆形或椭圆形，由许多层扁平细胞同心圆排列而成。小体中央有一红色圆点或杆状结构，内有神经纤维末梢（HE染色不易看见）。

4. 汗腺 分泌部位于真皮网织层或皮下组织内，多成群存在。腺腔小，由单层低柱状或立方状细胞围成，腺细胞染色较浅；腺细胞与基膜之间可见扁平梭形的肌上皮细胞。导管由双层立方上皮围成，细胞较小，染色较深。导管从皮下组织或网织层上行，穿过乳头层，在相邻的真皮乳头之间进入表皮，在表皮内形成螺旋形隧道，最后开口于皮肤表面的汗孔（图16-1）。

【高倍镜下绘图】

名称：无毛皮。

标注：表皮，角质层，透明层，颗粒层，棘层，基底层；真皮，真皮乳头，触觉小体，胶原纤维束，成纤维细胞核，汗腺导管。

（二）头皮（scalp）

【片号】

【取材】 人头皮垂直切片。

【染色】 HE染色。

【肉眼观察】 切片呈一长条状。一面被染成紫蓝色细线，即为表皮；表皮下方染成粉红色的为真皮；再深面染色更浅、呈空网状的部分是皮下组织。在真皮中有一些斜行、呈蓝紫色的结构即毛囊。头皮内有许多毛，有的毛被切断而不露于表皮之外。

【低倍镜及高倍镜观察】 表皮薄，角质层只有几层细胞，无透明层，颗粒层也常缺如，基底层细胞内含有棕色的色素颗粒。真皮较厚，内有毛根、毛囊、立毛肌、皮脂腺及汗腺等（图16-2）。

毛由数层富含色素的角化上皮细胞构

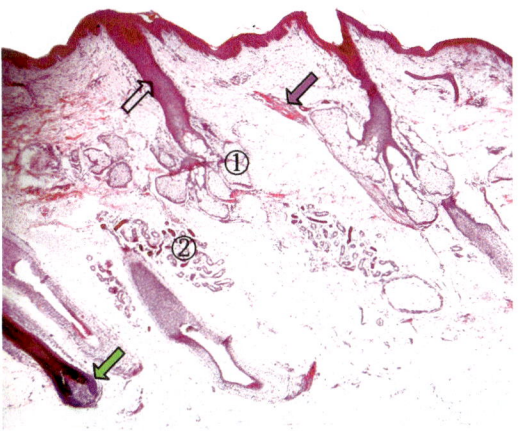

图16-2 头皮（HE，低倍）

①皮脂腺；②汗腺；⇧毛囊；⇧毛球；⇧立毛肌

成。其伸出皮肤外的部分为**毛干**，埋在皮肤内的部分为**毛根**。毛根的外面围着与表皮相连续的**上皮性鞘**，再外是与真皮相连的**结缔组织性鞘**，上皮性鞘和结缔组织性鞘构成**毛囊**。毛根和毛囊的下端混为一体，形成膨大的**毛球**。毛球底面内凹并有结缔组织突入，为**毛乳头**。制片过程中有的毛根已脱落而只剩下毛囊（图16-3）。

在毛根与表皮所形成的钝角侧，有红色斜行的平滑肌束，称**立毛肌**。其一端连于毛囊的结缔组织鞘上，另一端终止于真皮浅部。但有时因切得不完整而只看到被切断的肌束的一小部分（图16-3）。

皮脂腺位于毛囊与立毛肌之间。其分泌部为一团实心的上皮细胞团，染色较浅；其导管很短，开口于毛囊（图16-3）。

汗腺与指皮内所见相同。注意汗腺与皮脂腺的区别（图16-4）。

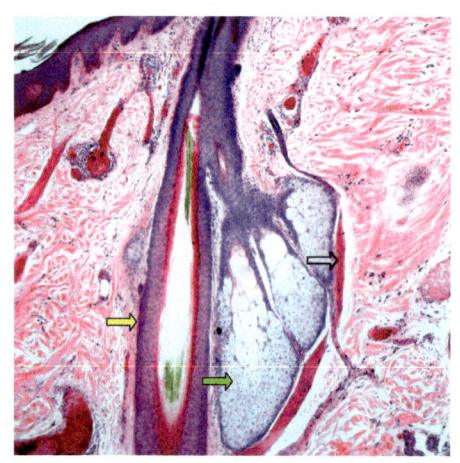

图16-3　头皮（HE，高倍）

⇧皮脂腺；⇧立毛肌；⇧毛囊

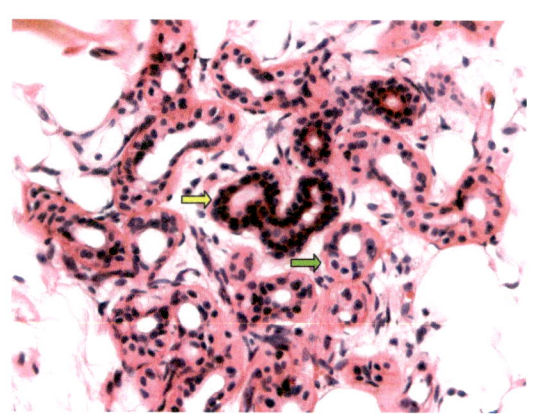

图16-4　汗腺（HE，高倍）

⇧分泌部；⇧导管

【低倍镜下绘图】

名称：头皮。

标注：表皮，真皮，毛囊，毛球，毛乳头，立毛肌，皮脂腺，汗腺。

三、示　教

（一）黑素细胞（melanocyte）

【取材】　人手指掌侧皮肤垂直切片。

【染色】　HE染色。

【高倍镜观察】　皮肤表皮最深部的一层细胞为基底层，与真皮凹凸不平相接。基底层细胞呈低柱状，胞质染色较深，嗜碱性，细胞界限不清。此层中有一些胞质清亮、核椭圆深染的圆形细胞，为黑素细胞。

（二）体皮

【取材】　人背部皮肤垂直切片。

【染色】　HE染色。

【低倍镜观察】 结构似头皮。表皮较薄,角质层也较薄,上皮表面凹凸不平。真皮较厚,但毛稀少,纤细。可见汗腺导管和分泌部,毛囊、皮脂腺和立毛肌少。

四、电镜照片

【TEM 照片】 示角质形成细胞、黑素细胞、朗格汉斯细胞和梅克尔细胞。

五、英文词汇

epidermis　表皮
keratinocyte　角质形成细胞
basal cell　基底细胞
spinous cell　棘细胞
lamellar granule　板层颗粒
keratohyalin granule　透明角质颗粒
horny cell　角质细胞

melanocyte　黑素细胞
Langerhans cell　朗格汉斯细胞
dermis　真皮
hypodermis　皮下组织
sebaceous gland　皮脂腺
sweat gland　汗腺

六、思 考 题

1. 皮肤分哪几层?表皮、真皮和皮下组织各由什么组织构成?
2. 表皮有哪几种细胞?分布在什么位置?各有何功能?真皮分哪两层?二者有何不同?
3. 光镜下指皮与头皮结构有何不同?
4. 光镜下如何区别皮脂腺和汗腺?怎样区分汗腺的分泌部与导管?

七、本章小结

皮肤由表皮和真皮构成,借皮下组织与深层组织相连。表皮由角化的复层扁平(鳞状)上皮构成,厚皮(手掌和足底的皮肤)的表皮从基底面到游离面可分为基底层、棘层、颗粒层、透明层和角质层五层;表皮由基底层到角质层的结构变化,反映了角质形成细胞增殖、分化、迁移和脱落的新陈代谢变化过程。真皮分为乳头层和网织层。皮肤有毛、皮脂腺、汗腺、指(趾)甲等附属器,它们都由皮肤的表皮衍生而来。毛分为毛干、毛根和毛球三部分。皮脂腺是泡状腺,分泌皮脂。汗腺是单曲管状腺,分泌汗液。

(李　静)

第 17 章 内分泌系统（endocrine system）

一、目的要求

1. **掌握** 腺垂体远侧部、甲状腺和肾上腺的结构。
2. **熟悉** 腺垂体中间部和神经垂体的结构。
3. **了解** 甲状旁腺的结构。

二、观察标本

（一）垂体（hypophysis）

【片号】

【取材】 垂体切片。

【染色】 HE 染色。

【肉眼观察】 标本大部分染色较深，为远侧部；小部分染色较浅，为神经部；二者之间为中间部。

【低倍镜观察】 染色较深、细胞较多的部分为远侧部，其内细胞常排列成团或索状，其间可见丰富的血窦；染色较浅、细胞较少的部分是神经部，其内可见粉红色的无髓神经纤维；二者之间的部分为中间部（图17-1）。

【高倍镜观察】

1. **远侧部（前叶）** 主要辨认三种腺细胞（图17-2）。

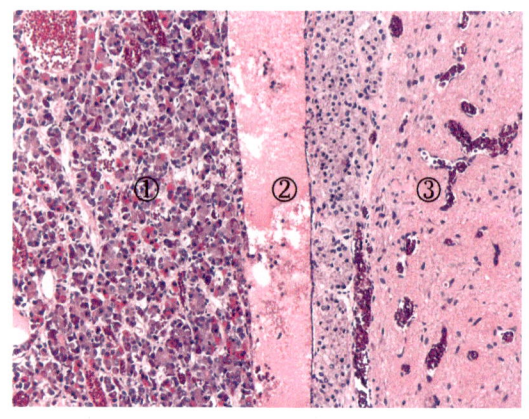

图 17-1 垂体（HE，低倍）
①远侧部；②中间部；③神经部

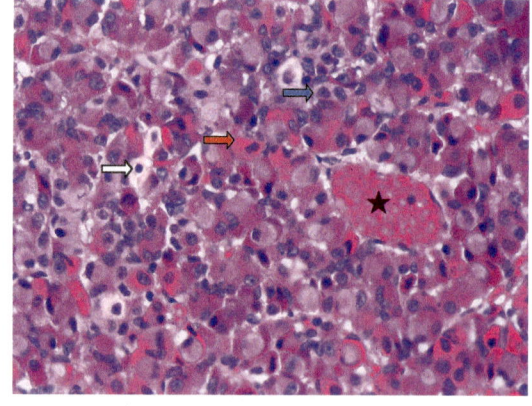

图 17-2 腺垂体远侧部（HE，高倍）
⬆嗜酸性细胞；⬆嗜碱性细胞；⬆嫌色细胞；★血窦

（1）**嗜酸性细胞**：数量较多。细胞较大，为圆形或不规则形。胞质呈嗜酸性，染成红色。核为圆形，染色较浅。

（2）**嗜碱性细胞**：数量较少。较嗜酸性细胞略大，为椭圆形或不规则形。胞质呈嗜碱性，染成紫蓝色。

（3）**嫌色细胞**：数量多。细胞较小。胞质少且染色很浅，故切片中只见染成紫蓝色的细胞核而看不见细胞质，细胞界限不清。

2. 神经部 可见染成粉红色、较细的无髓神经纤维束；紫蓝色的细胞核多数为神经胶质细胞（垂体细胞）的细胞核；散在的粉红色均质团块为赫令体（见示教）。

3. 中间部 位于远侧部和神经部之间。可见一些含粉红色胶状物的滤泡（有的滤泡可以很大），有时可以是一个较大的腔隙；在靠近神经部一侧还可见许多小型的嗜碱性细胞和嫌色细胞，但 HE 染色不容易分辨其种类。

【高倍镜下绘图】
名称：腺垂体远侧部。
标注：嗜酸性细胞，嗜碱性细胞，嫌色细胞。

（二）甲状腺（thyroid gland）

【片号】
【取材】 甲状腺切片。
【染色】 HE 染色。
【肉眼观察】 标本呈团状，染成粉红色。

【低倍镜观察】 可见许多大小不一的甲状腺滤泡，滤泡呈圆形或不规则形。滤泡间有结缔组织和丰富的窦状毛细血管。

【高倍镜观察】 滤泡上皮细胞呈立方形（细胞形状随功能状态变高或变低），核圆，染成蓝色；胞质嗜酸性，染成红色。滤泡腔内含胶质，切片上呈红色均质状。在滤泡上皮细胞之间有时可找到单个体积较大、形态不规则、核呈圆形、胞质明亮的细胞，此即滤泡旁细胞。在滤泡之间的结缔组织内有时也可见成团的滤泡旁细胞（图 17-3）。

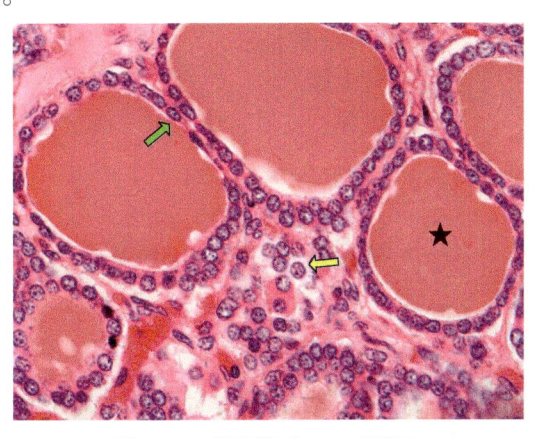

图 17-3 甲状腺（HE，高倍）
⇧滤泡上皮细胞；⇧滤泡旁细胞；★滤泡胶质

【高倍镜下绘图】
名称：甲状腺。
标注：滤泡上皮细胞，滤泡胶质，滤泡旁细胞。

（三）肾上腺（adrenal gland）

【片号】
【取材】 肾上腺切片。
【染色】 HE 染色。
【肉眼观察】 标本周边染色较深的部分为肾上腺皮质，中央染色较浅的部分为肾上腺髓质。

【低倍镜观察】 器官最表面覆盖一层结缔组织被膜。实质分为浅层的皮质和深层的髓质。皮质由浅入深分为球状带、束状带和网状带。球状带位于被膜下方，细胞排列成

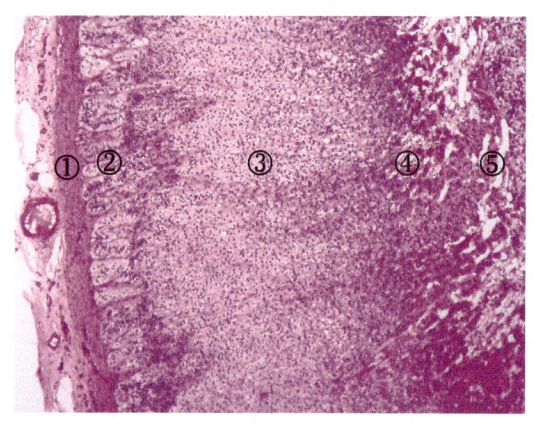

图 17-4 肾上腺（HE，低倍）
①被膜；②球状带；③束状带；④网状带；⑤髓质

球团状，染色较深；束状带位于球状带与网状带之间，在皮质中所占面积最大，细胞多平行排列成索状，染色较浅；网状带位于皮质最内层，细胞排列成索状，并吻合成网，染色较深。肾上腺髓质细胞排列成团或索状；髓质中有时可见较大的血管，为中央静脉的切面（图 17-4）。

【高倍镜观察】

1. 皮质　球状带细胞体积较小，胞质较少，核染色较深。束状带细胞为典型的类固醇激素分泌细胞，细胞体积较大，呈多边形，胞质内的脂滴多呈空泡，染色较浅。网状带细胞体积较小，细胞核小，染色深。

2. 髓质　以髓质细胞（又称嗜铬细胞）为主。髓质细胞较大，呈多边形；核圆形，位于中央；胞质内含嗜铬颗粒，染色较深。中央静脉的管腔不规则，管壁内可见切断的平滑肌束。

【高倍镜下绘图】
　　名称：肾上腺。
　　标注：被膜；皮质，球状带，束状带，网状带；髓质。

三、示　教

（一）神经垂体（neurohypophysis）

【取材】　垂体切片。
【染色】　HE 染色。
【高倍镜观察】　神经垂体以无髓神经纤维为主。特征性结构为赫令体，呈红色均质状团块。位于神经垂体的神经胶质细胞即为垂体细胞。

（二）滤泡旁细胞（parafollicular cell）

【取材】　甲状腺切片。
【染色】　硝酸银染色。
【高倍镜观察】　滤泡旁细胞散在分布于滤泡上皮细胞之间，或成团分布于滤泡之间的结缔组织内。银染胞质内有嗜银颗粒，染成棕黑色。

（三）甲状旁腺（parathyroid gland）

【取材】　甲状旁腺切片。
【染色】　HE 染色。
【高倍镜观察】　甲状旁腺实质由主细胞和嗜酸性细胞构成，腺细胞排列成索、团状。主细胞数量多，细胞较小，细胞质染色较浅；嗜酸性细胞数量少，细胞较大，细胞质染色较红。

四、电镜照片

【TEM 照片】 示甲状腺滤泡上皮细胞、甲状腺滤泡旁细胞、肾上腺皮质束状带细胞、肾上腺髓质细胞和腺垂体远侧部细胞。

五、英文词汇

follicular epithelial cell　滤泡上皮细胞
parafollicular cell　滤泡旁细胞
adrenal cortex　肾上腺皮质
zona glomerulosa　球状带
zona fasciculata　束状带
zona reticularis　网状带

adrenal medulla　肾上腺髓质
chromaffin cell　嗜铬细胞
acidophil　嗜酸性细胞
basophil　嗜碱性细胞
chromophobe cell　嫌色细胞

六、思考题

1. 甲状腺滤泡上皮细胞的细胞核有的圆，有的扁，为什么？滤泡腔内胶质和上皮细胞之间的空泡是怎样形成的？
2. 请结合肾上腺皮质简述分泌类固醇激素细胞在形态结构上有哪些共同的特点？

七、本章小结

内分泌系统主要包括甲状腺、甲状旁腺、肾上腺、垂体等。腺细胞的分泌物称激素，它主要通过血循环作用于靶细胞。甲状腺实质由滤泡和滤泡旁细胞构成，滤泡由滤泡上皮细胞围成，腔内充满胶质。甲状旁腺的腺细胞分主细胞和嗜酸性细胞两种。肾上腺实质由皮质和髓质构成，根据皮质内腺细胞的形态和排列特征，将皮质分为球状带、束状带、网状带三个带；髓质主要由髓质细胞（嗜铬细胞）组成。垂体由腺垂体和神经垂体组成，前者又分为远侧部、中间部和结节部，后者分为神经部和漏斗部。远侧部的腺细胞包括嗜酸性细胞、嗜碱性细胞和嫌色细胞，下丘脑分泌的激素通过垂体门脉系统调节远侧部腺细胞的分泌活动。神经垂体主要由无髓神经纤维和神经胶质细胞（垂体细胞）构成，下丘脑和神经垂体在结构、功能上是一个整体。

（马　利）

第18章 眼和耳（eye and ear）

一、目的要求

1. 掌握 眼球壁的结构层次；角膜和视网膜的结构；螺旋器的结构。
2. 熟悉 眼球其他结构；位觉斑、壶腹嵴的结构。
3. 了解 眼睑的结构。

二、观察标本

（一）眼球（eye-ball）

【片号】
【取材】 眼球矢状切片。
【染色】 HE 染色。
【肉眼观察】 眼球壁前部染成浅红色的是角膜。角膜后面染成红色的双凸椭圆形结构为晶状体。晶状体前方两侧有两个棕黑色的条状物，即是虹膜，虹膜之间的空隙为瞳孔。虹膜后面外侧呈三角形的结构为睫状体。睫状体后面的眼球壁最内层染色深的是视网膜。视网膜向外依次是脉络膜和巩膜。

【低倍镜观察】 眼球由眼球壁和眼内容物组成。

1. 眼球壁 从外向内依次为纤维膜、血管膜和视网膜。

（1）纤维膜：主要由致密结缔组织构成。其前 1/6 稍向前凸为角膜，后 5/6 为巩膜，角膜与巩膜交界处为角膜缘。

（2）血管膜：为富含血管和色素细胞的疏松结缔组织。由前到后依次为虹膜、睫状体和脉络膜。

（3）视网膜：分盲部和视部两部分。盲部即虹膜上皮和睫状体上皮，视部位于脉络膜的内侧。

2. 眼内容物 有房水、晶状体和玻璃体。

（1）晶状体：位于虹膜的后方，切片中为染成红色的椭圆体。

（2）玻璃体：位于晶状体后方的大腔内，由无色透明的胶状物质构成，制片时胶状物质已流失，故不易观察到。

【高倍镜观察】

1. 角膜 可分为五层（图 18-1，图 18-2），由前向后依次为：

（1）角膜上皮：为未角化的复层扁平上皮，无黑素细胞，基部平坦。

（2）前界层：为一层染成粉红色的透明均质薄膜。

（3）角膜基质：由许多与表面平行排列的胶原纤维组成，纤维纤细；胶原纤维之间有少量扁平的成纤维细胞。无血管。

（4）后界层：亦为一层染成粉红色的透明均质薄膜，一般比前界层薄。

（5）角膜内皮：为单层扁平上皮。

2. 巩膜 为致密结缔组织，内含血管（图 18-1）。

3. 角膜缘 在角膜缘内侧的巩膜结缔组织中有内皮性管道，为巩膜静脉窦；巩膜静脉窦内侧呈网状的结构，即是小梁网（巩膜静脉窦和小梁网有何功能？）（图 18-1）。

4. 虹膜 为环行的膜。由前向后可分三层（图 18-1）。

（1）**前缘层**：为一层不连续的成纤维细胞和色素细胞。

（2）**虹膜基质**：为富含血管与色素细胞的疏松结缔组织。在靠近瞳孔缘处有染成粉红色的瞳孔括约肌，肌纤维被横切。

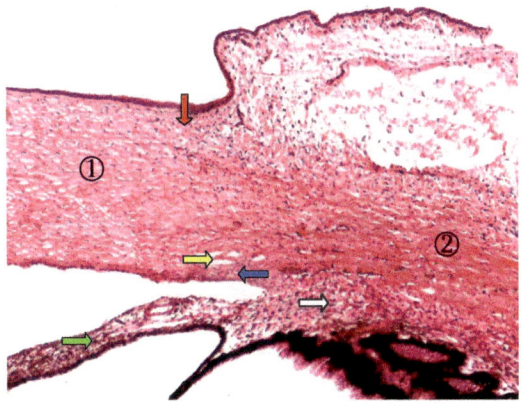

图 18-1　角膜缘（HE，高倍）

①角膜；②巩膜；⬆角膜缘；⬆巩膜静脉窦；⬆小梁网；⬆睫状体；⬆虹膜

（3）**虹膜上皮**：由两层细胞组成。前层细胞分化为瞳孔开大肌，切片上染成粉红色，很薄，肌纤维呈放射状走行；后层为色素上皮层，呈棕黑色。

5. 睫状体 位于虹膜基部，切片中呈三角形。从外向内由三种成分组成（图 18-1）。

（1）**睫状肌**：为纵行、放射状及环行的平滑肌。

（2）**基质**：是富含血管和色素细胞的疏松结缔组织。

（3）**睫状体上皮**：由两层细胞组成。外层为色素上皮层，呈棕黑色；内层为非色素上皮层，染成粉红色。

6. 脉络膜 睫状体向后延续为脉络膜，为血管膜的后 2/3 部分。为一层富含血管和色素细胞的疏松结缔组织，呈棕黑色，制片过程中收缩为很薄的一层。

7. 视网膜 视部由四层细胞组成，由外向内依次为色素上皮层、视细胞层、双极细胞层和节细胞层。视网膜后极部有一浅黄色区域，正对视轴处，称黄斑；黄斑中央有一浅凹，称中央凹（图 18-2）。

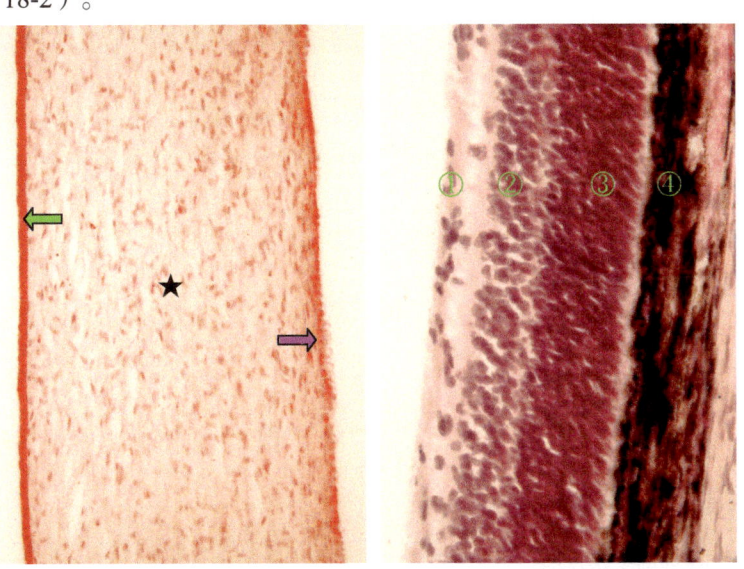

图 18-2　角膜（左）和视网膜（右）（HE，高倍）

⬆角膜上皮；★角膜基质；⬆角膜内皮；①节细胞层；②双极细胞层；③视细胞层；④色素上皮层

（1）**色素上皮层**：细胞呈立方形，排成单层，呈棕黑色，紧贴脉络膜。

（2）**视细胞层**：在色素上皮层的内侧，可见较厚的一层密集的细胞核，此即视细胞的细胞核，其中的视杆细胞与视锥细胞不能区分。

（3）**双极细胞层**：在视细胞层的内侧，又有较薄的一层密集的细胞核，主要为双极细胞的细胞核。

（4）**节细胞层**：在双极细胞层的内侧，有一层较分散的细胞核，此即节细胞的细胞核。

8. 晶状体 晶状体的表面，为一薄层由胶原原纤维组成的晶状体囊所包绕（染成浅红色）。晶状体的前面为单层立方上皮组成的晶状体上皮，上皮细胞在晶状体的赤道附近变为晶状体纤维，该处细胞核仍存在，渐近晶状体中心，细胞核渐消失不见。

【高倍镜下绘图】

名称：视网膜视部。

标注：色素上皮层，视细胞层，双极细胞层，节细胞层。

（二）眼睑（eye-lid）

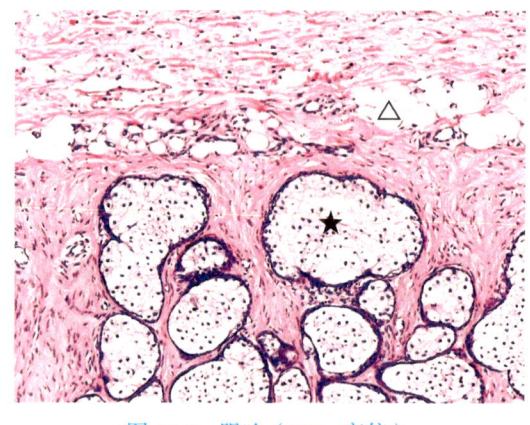

图 18-3　眼睑（HE，高倍）

★睑板腺；△睫腺

【片号】

【取材】　上眼睑矢状切片。

【染色】　HE 染色。

【肉眼观察】　标本微凸、染色较深的一侧为皮肤，略尖的一端为**睑缘**。

【低倍镜及高倍镜观察】　眼睑由前向后依次分为皮肤、皮下组织、肌层、睑板和睑结膜五层。

1. 皮肤　薄，睑缘处有睫毛。睫毛附近有小皮脂腺，称**睑缘腺**（Zeis 腺）；附近还有腺腔较大的汗腺，称**睫腺**（Moll 腺），开口于睫毛毛囊或睑缘（图 18-3）。

2. 皮下组织　为薄层疏松结缔组织。

3. 肌层　有**眼轮匝肌**和**提上睑肌**，为骨骼肌；还有**睑肌**，为平滑肌。

4. 睑板　由致密结缔组织构成。其内有许多单分支管泡状腺，称**睑板腺**，结构同皮脂腺（图 18-3）。

5. 睑结膜　由复层柱状上皮和薄层结缔组织组成。

【低倍镜下绘图】

名称：眼睑。

标注：眼睑五层，睑板腺，睫腺。

三、示　教

（一）螺旋器（spiral organ）

【取材】　内耳脱钙切片。

【染色】　HE 染色。

【低倍镜观察】 螺旋器位于三角形的膜蜗管的基底膜上，由支持细胞和毛细胞组成。

1. 支持细胞 主要有柱细胞和指细胞。柱细胞排成两列，分别称内、外柱细胞，它们围成一个三角形的内隧道。内柱细胞的内侧有1列内指细胞，外柱细胞的外侧有3～5列外指细胞。

2. 毛细胞 在每个内、外指细胞的上方都嵌着一个毛细胞，分别称为内、外毛细胞。毛细胞的游离面有听毛。另外，在毛细胞的上方，可看到自螺旋缘伸来的红色胶质膜，称盖膜。

（二）位觉斑（macula statica）

【取材】 内耳脱钙切片。

【染色】 HE染色。

【低倍镜观察】 位觉斑由椭圆囊外侧壁和球囊前壁黏膜局部增厚向腔内隆起而成。该处上皮细胞分支持细胞和毛细胞两种。支持细胞呈高柱状，核位于基底部；毛细胞位于支持细胞之间，基底部不达基底膜，游离面有纤毛，伸入表面染成红色的位砂膜内。位砂膜浅层有深染的小颗粒，即为位砂。

（三）壶腹嵴（crista ampullaris）

【取材】 内耳脱钙切片。

【染色】 HE染色。

【低倍镜观察】 壶腹嵴由膜性半规管壶腹壁黏膜局部增厚向腔内隆起而成。该处上皮细胞分支持细胞和毛细胞两种。支持细胞呈高柱状，核位于基底部；毛细胞夹在支持细胞之间，基底部不达基底膜，游离面有纤毛，纤毛较长，伸入浅面染成红色的圆顶状壶腹帽内。

四、电镜照片

【TEM照片】 示视杆细胞、视锥细胞和螺旋器的毛细胞。

五、英文词汇

cornea 角膜
iris 虹膜
retina 视网膜
pigment epithelial cell 色素上皮细胞
visual cell 视细胞
rod cell 视杆细胞
cone cell 视锥细胞
bipolar cell 双极细胞

ganglion cell 节细胞
central fovea 中央凹
optic disc 视盘
lens 晶状体
spiral organ 螺旋器
pillar cell 柱细胞
phalangeal cell 指细胞
hair cell 毛细胞

六、思 考 题

1. 请结合眼球壁和眼内容物的结构，简述光线在眼球内透射和形成神经冲动的过程。

2. 膜蜗管有哪 3 个壁？螺旋器有哪几种支持细胞和感觉细胞？听弦和盖膜在哪个位置？起什么作用？

七、本章小结

　　眼球包括眼球壁和眼内容物。眼球壁由外向内分为纤维膜、血管膜和视网膜三层。纤维膜前 1/6 为透明的角膜，后 5/6 为不透明的巩膜。血管膜为富含血管和色素细胞的疏松结缔组织，分为虹膜、睫状体和脉络膜。视网膜分盲部和视部两部分，盲部即为虹膜上皮和睫状体上皮；视部位于脉络膜的内侧，由四层细胞组成，由外向内依次为色素上皮层、视细胞层、双极细胞层和节细胞层。眼内容物有房水、晶状体和玻璃体。内耳由骨迷路和膜迷路组成。骨迷路分为耳蜗、前庭和半规管；膜迷路也相应分为膜蜗管、膜前庭和膜半规管。膜迷路内壁某些部位增厚，特化形成感受器，即螺旋器、位觉斑和壶腹嵴，三者均有支持细胞和毛细胞两种细胞。

（刘　燕）

第 19 章　人体胚胎学总论（general embryology of human）

一、目 的 要 求

1. 掌握　受精；胚泡形成和植入；胚层的形成；外、中、内三个胚层的分化；胎膜和胎盘。

2. 熟悉　胚体的形成。

3. 了解　胚胎各期主要外形特征；双胎、多胎和联胎。

二、观 察 模 型

（一）受精

受精卵　其表面有三个极体。

（二）卵裂和胚泡形成

1. 二细胞期　受精卵卵裂为两个卵裂球，其中一个较大，另一个较小。

2. 三细胞期　是三个卵裂球时期。

3. 桑葚胚　有 16 个卵裂球，透明带仍在。

4. 胚泡　由桑葚胚发育而来，其结构如下。

（1）胚泡腔：胚泡的中心，内含有胚泡液。

（2）滋养层：胚泡的壁。

（3）内细胞群：胚泡腔内一侧的一群细胞。

（三）植入

胚泡进入子宫内膜的过程。在植入过程中，与子宫内膜接触的滋养层分化为两层：

1. 细胞滋养层　内层，细胞界限清楚。

2. 合体滋养层　外层，细胞分界消失。

（四）胚层的形成

1. 二胚层胚盘及相关结构的形成

（1）下胚层：一层立方形的细胞。

（2）上胚层：下胚层的背侧，一层柱状细胞。

（3）羊膜腔：上胚层的背侧（靠滋养层侧），底为上胚层。

（4）卵黄囊：下胚层的腹侧（靠胚泡腔侧），顶为下胚层。

（5）胚外中胚层：分为壁层和脏层两部分。

（6）胚外体腔：胚外中胚层内形成的一个大腔。

（7）体蒂：羊膜腔背侧的胚外中胚层，后移至胚体尾端。

2. 三胚层胚盘及相关结构的形成

（1）原条：上胚层正中线的一侧（尾端）形成的一条纵行增厚区。
（2）原结：原条头端的膨大。
（3）原凹：原结中心的浅凹。
（4）中胚层：在上、下两胚层之间形成的一个夹层。
（5）内胚层：上胚层细胞置换下胚层后形成。
（6）外胚层：原来的上胚层。
（7）脊索：在内、外胚层之间的一条单独的中胚层细胞索。
（8）口咽膜和泄殖腔膜：在脊索的头侧和原条的尾侧各有一个无中胚层的小区。

（五）三胚层的分化和胚体的形成

1. 三胚层的分化

（1）外胚层：神经板，神经沟，神经褶，前神经孔，后神经孔，神经管，神经嵴；表面外胚层。
（2）中胚层：轴旁中胚层，体节；间介中胚层；侧中胚层壁层和脏层，胚内体腔，心包腔。
（3）内胚层。

2. 胚体的形成　头褶，尾褶，侧褶。

（六）胎膜

1. 绒毛膜　由表面的合体滋养层、内侧的细胞滋养层和再内侧的胚外中胚层构成。绒毛膜表面伸出许多绒毛。
2. 卵黄囊　与内胚层（原始消化管）相连的一段卵黄囊逐渐缩窄，称卵黄蒂。
3. 尿囊　是从卵黄囊尾侧向体蒂内伸出的一个盲管。
4. 脐带　外覆羊膜，内有闭锁的卵黄囊和尿囊，还有脐动脉和脐静脉。

三、观察大体胚胎标本

（一）受精后第8周至第38周人胚胎标本

（二）胎膜及胎盘标本

（三）各种畸形标本

四、观看胚胎学录像

观看人体胚胎学总论的录像

五、英文词汇

capacitation　获能
fertilization　受精
cleavage　卵裂

morula　桑葚胚
blastocyst　胚泡
trophoblast　滋养层

implantation　植入
decidua　蜕膜
embryonic disc　胚盘
mesoderm　中胚层
endoderm　内胚层
ectoderm　外胚层

fetal membrane　胎膜
chorion　绒毛膜
amnion　羊膜
yolk sac　卵黄囊
umbilical cord　脐带
placenta　胎盘

六、思 考 题

1. 胚胎发生第一周主要有哪些过程？什么是植入？植入时滋养层有什么变化？
2. 胚胎发生第二周主要有哪些变化？
3. 胚胎发生第三周主要有哪些变化？
4. 胎膜有哪几种？胎盘由哪两部分构成？
5. 写出图 19-1、图 19-2 横线所指结构的名称。

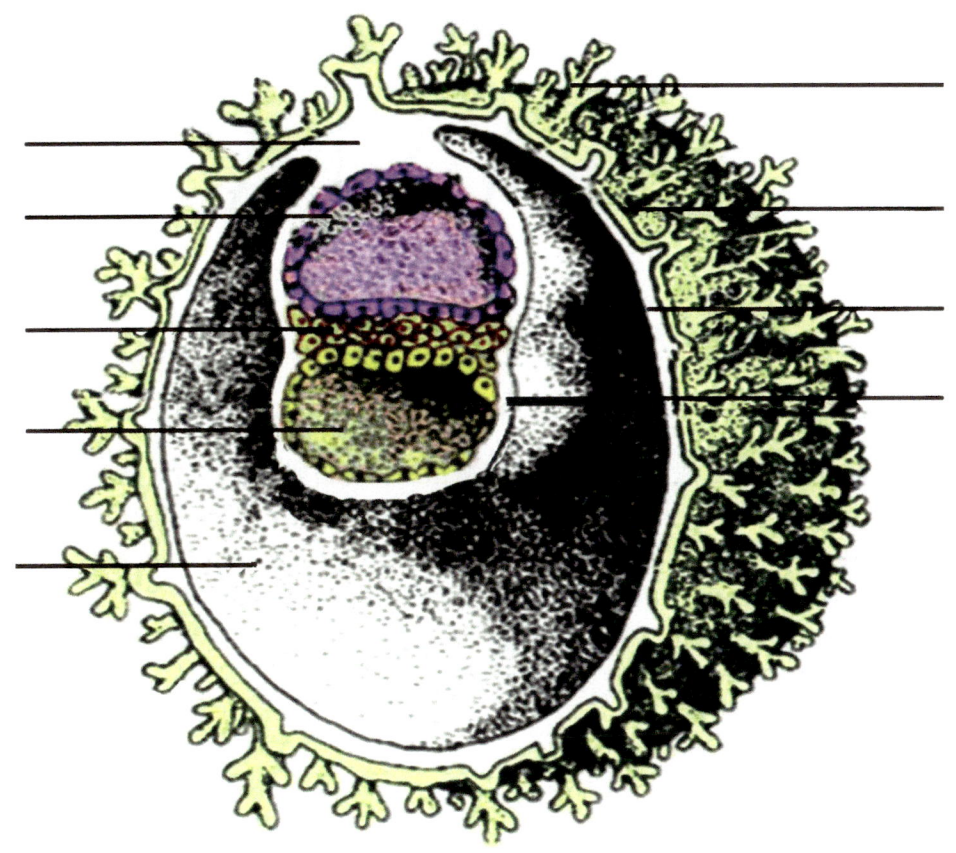

图 19-1　第 3 周初胚的立体模型

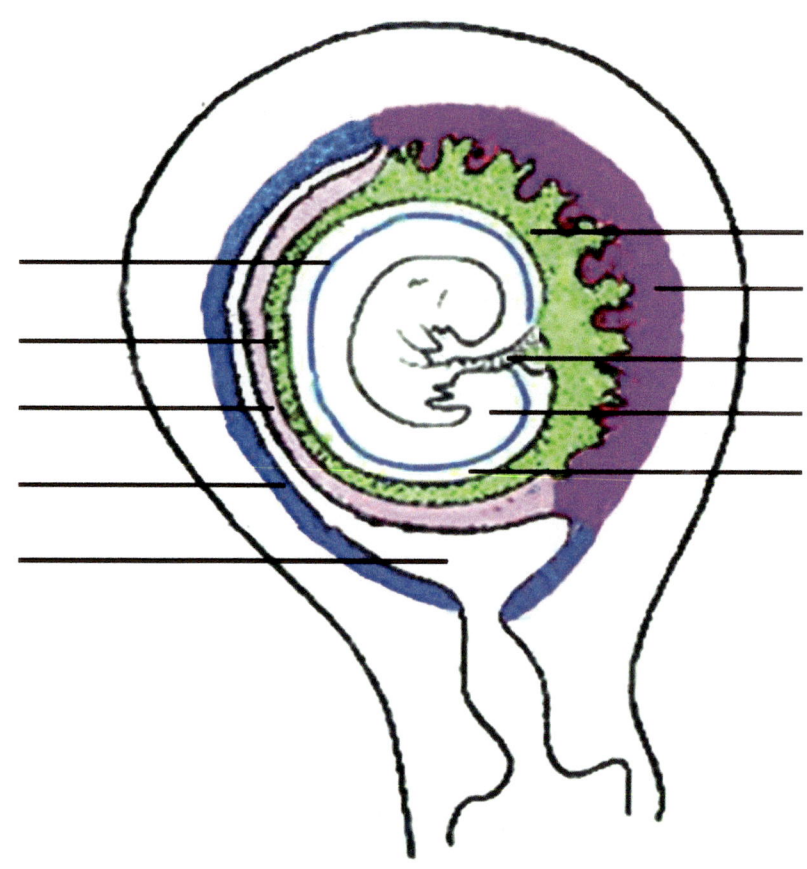

图 19-2　胚胎第 2 个月

七、本章小结

人体胚胎发生始于受精卵，终止于胎儿娩出。从受精卵形成到第 8 周末为胚期，历经受精卵的卵裂、胚泡形成与植入、三个胚层的形成与分化、胚胎各器官与系统形成。从第 9 周至出生为胎期，此期的主要变化为各种组织和器官继续发育和分化等。胎膜包括羊膜、绒毛膜、卵黄囊、尿囊和脐带，是胚胎发育的重要辅助结构。胎盘由胎儿的丛密绒毛膜和母体的基蜕膜构成，胎盘膜是胎儿和母体血之间进行物质交换的选择性屏障。双胎、多胎与联体胎是胚胎发育过程中的特殊情况。

（刘　燕）

第 20 章　主要器官系统的发生

一、目 的 要 求

1. **掌握**　颜面的发生；消化和呼吸系统的发生；心脏的发生。
2. **熟悉**　泌尿和生殖系统的发生。
3. **了解**　神经系统的发生；眼和耳的发生。

二、观 察 模 型

（一）胚胎早期发生模型

1. 第 4 周初期　辨认以下结构：
（1）头褶，尾褶，侧褶，鳃弓，鳃沟。
（2）神经沟，神经褶，神经管，前神经孔，后神经孔，表面外胚层，体节轮廓，神经嵴。
（3）体节，间介中胚层，前肾，中肾，侧中胚层壁层和脏层，胚内体腔。
（4）心包腔，心球，心室，心房，静脉窦右角和左角。
（5）前肠，中肠，后肠，卵黄蒂，尿囊，肝憩室。

2. 第 4 周晚期　辨认以下结构：
（1）额鼻突，鳃弓，鳃沟，上颌突，下颌突，口凹，上肢芽，下肢芽。
（2）前脑，中脑，菱脑，脊髓，视泡，耳泡，神经嵴。
（3）体节，间介中胚层，中肾，体腔，心包腔，心脏各部分。
（4）咽，咽囊，喉气管憩室，泄殖腔，泄殖腔膜。
（5）脐带及其各结构。

3. 第 5 周初期　辨认以下结构：
（1）额鼻突，鼻窝，外侧鼻突，内侧鼻突，鳃弓，鳃沟，上颌突，下颌突，口凹，眼原基。
（2）端脑，间脑，中脑，后脑，末脑，视杯，晶状体泡，耳泡，神经节。
（3）心包腔，胸膜腔，腹膜腔，心脏各部，中肾，输尿管芽，后肾。
（4）咽囊，喉气管憩室，肺芽，食管，胃，肝，胆囊，腹胰，背胰，中肠，卵黄蒂，盲肠突，泄殖腔，尿囊，泄殖腔膜。
（5）脐带及其各结构。

（二）心脏发生模型

1. 心脏外形演变
（1）球室袢形成，心管呈 U 形。
（2）心管呈 S 形。
（3）心房移到心室头侧。
（4）心脏外形形成。

2. 心脏冠状切面

（1）心球和心室冠状切面。

（2）背侧心内膜垫，第一房间隔，第一房间孔，室间隔肌部，室间孔，腔静脉瓣。

（3）心房分隔完成（第一房间孔关闭、第二房间孔形成、第二房间隔和卵圆孔形成），室间孔缩小，房室瓣开始形成。

（4）出生后的心脏。

3. 心球和心室冠状切面、左右心房矢状切面

（1）背腹心内膜垫，第一房间隔，第一房间孔，室间隔肌部，室间孔，球嵴原基。

（2）背腹心内膜垫，第一房间孔缩小，第二房间孔呈筛状，第二房间隔开始出现，球嵴形成。

（3）第二房间隔下延，卵圆孔形成，室间隔膜部形成，室间孔缩小。

（4）第二房间隔继续下延，卵圆孔缩小，室间孔关闭，主动脉弓和右锁骨下动脉形成。

三、观看胚胎学录像

（一）观看颜面发生的录像

（二）观看消化和呼吸系统发生的录像

（三）观看心脏发生的录像

四、英文词汇

nasal pit　鼻窝
stomodeum　口凹
primitive gut　原始消化管
urorectal septum　尿直肠隔
hepatic diverticulum　肝憩室
laryngotracheal diverticulum　喉气管憩室
mesonephric duct　中肾管
ureteric bud　输尿管芽
metanephrogenic tissue　生后肾组织
genital ridge　生殖腺嵴

paramesonephric duct　中肾旁管
bulbus cordis　心球
sinus venosus　静脉窦
endocardiac cushion　心内膜垫
foramen ovale　卵圆孔
truncus arteriosus　动脉干
aortico-pulmonary septum　主动脉肺动脉隔
optic cup　视杯
lens vesicle　晶状体泡
otic vesicle　听泡

五、思考题

1. 口鼻和腭的发生有哪些原基？思考这些原基的来源和演变。

2. 原始消化管怎样形成的？前、中、后肠分别演变为什么结构？

3. 心脏怎样由直管演变为成体形态？心房、心室、动脉干与心球是怎样分隔的？

六、本章小结

本章主要观察学习：颜面的形成，腭的发生，原始消化管三段（前肠、中肠、后肠）的形成和分化，食管、胃、肠的发生，肝、胆、胰腺的发生，气管、肺的发生，心脏外形的演变，心脏内部的分隔（房室管的分隔、原始心房的分隔、原始心室的分隔、动脉干与心球的分隔、静脉窦的演变），肾、输尿管、膀胱的发生，以及在各系统器官的发生过程中形成的主要畸形等内容。

（刘　燕）

附录1　组织学标本复习要点

1. 疏松结缔组织铺片　成纤维细胞，巨噬细胞；胶原纤维，弹性纤维；基质。

2. 骨切片　骨陷窝，骨小管，骨单位，中央管，间骨板，穿通管。

3. 血涂片　红细胞；中性粒细胞，嗜酸粒细胞，淋巴细胞，单核细胞；血小板。

4. 骨骼肌　骨骼肌纤维纵切面——肌细胞核，横纹；骨骼肌纤维横切面——肌细胞核，肌原纤维。

5. 脊髓　白质——有髓神经纤维，神经胶质细胞；灰质——神经元，尼氏体，神经胶质细胞。

6. 神经　神经纵切面——郎飞结，轴突，髓鞘；神经横切面——轴突，髓鞘，神经束膜，神经外膜。

7. 心脏　心内膜——内皮，内皮下层，心内膜下层，普肯野纤维；心肌层——心肌纤维纵切面，心肌纤维横切面；心外膜——脂肪组织，结缔组织，间皮。

8. 中动脉和中静脉

中动脉：内膜——内皮，内皮下层，内弹性膜；中膜——平滑肌；外膜——外弹性膜，结缔组织。

中静脉：内膜，中膜，外膜。

9. 大动脉　内膜；中膜——弹性膜，平滑肌；外膜。

10. 胸腺　皮质；髓质，胸腺小体。

11. 淋巴结　皮质——淋巴小结，生发中心，副皮质区，皮质淋巴窦；髓质——髓索，髓窦。

12. 脾　白髓——淋巴小结，动脉周围淋巴鞘；红髓——脾索，脾血窦。

13. 垂体　腺垂体远侧部——嗜酸性细胞，嗜碱性细胞，嫌色细胞；腺垂体中间部——滤泡，嗜碱性细胞；神经垂体——无髓神经纤维，垂体细胞，赫令体。

14. 甲状腺　甲状腺滤泡——滤泡上皮细胞，滤泡胶质；滤泡旁细胞。

15. 肾上腺　肾上腺皮质——球状带，束状带，网状带；肾上腺髓质——嗜铬细胞，血窦，中央静脉。

16. 无毛皮　表皮——角质层，透明层，颗粒层，棘层，基底层；真皮——不规则的致密结缔组织，真皮乳头，触觉小体；皮下组织——脂肪组织，环层小体；汗腺——汗腺分泌部，汗腺导管。

17. 头皮　表皮；真皮；皮下组织；毛——毛根，上皮性鞘、结缔组织性鞘，毛球，毛乳头，立毛肌；皮脂腺；汗腺。

18. 眼球　纤维膜——角膜5层，巩膜；血管膜——虹膜，睫状体，脉络膜；视网膜——色素上皮层，视细胞层，双极细胞层，节细胞层；晶状体。

19. 食管　黏膜——复层扁平上皮，固有层，黏膜肌；黏膜下层——食管腺；肌层——判断是骨骼肌或平滑肌；外膜——判断是纤维膜或浆膜。

20. 胃　黏膜——单层柱状上皮，固有层，胃小凹，胃底腺，主细胞，壁细胞，黏膜肌；黏膜下层；肌层；外膜。

21. 回肠　黏膜——绒毛,单层柱状上皮,吸收细胞,杯状细胞,中央乳糜管,小肠腺,淋巴组织,黏膜肌;黏膜下层;肌层——内环,外纵;外膜。

22. 结肠　黏膜——单层柱状上皮,固有层,大肠腺,吸收细胞,杯状细胞,黏膜肌;黏膜下层;肌层;外膜。

23. 肝　肝小叶——中央静脉,肝板(肝索),肝细胞,肝血窦;门管区——小叶间动脉,小叶间静脉,小叶间胆管。

24. 胰　外分泌部——腺泡,导管;内分泌部——胰岛。

25. 气管　黏膜——假复层纤毛柱状上皮,固有层;黏膜下层——混合腺;外膜——透明软骨,软骨基质,软骨陷窝,软骨细胞,软骨囊,同源细胞群,软骨膜。

26. 肺　导气部——小支气管,细支气管;呼吸部——呼吸性支气管,肺泡管,肺泡囊,肺泡,肺泡隔。

27. 肾　皮质——肾小体,血管球,肾小囊腔,肾小囊壁层,近曲小管,远曲小管,致密斑;髓质——细段,集合管。

28. 膀胱　黏膜——皱襞,变移上皮,固有层;肌层;外膜。

29. 睾丸　生精小管——支持细胞,精原细胞,初级精母细胞,精子细胞,精子;间质——睾丸间质细胞。

30. 卵巢　皮质——原始卵泡,初级卵泡,次级卵泡,初级卵母细胞,卵泡细胞,透明带,颗粒层,卵泡腔,卵丘,放射冠,卵泡膜;髓质。

31. 子宫　内膜——单层柱状上皮,固有层,子宫腺,分期;肌层——黏膜下层,中间层,血管,浆膜下层;外膜。

32. 长骨发生　骺端——次级骨化中心,骺端软骨;骺板——软骨储备区、软骨增生区,软骨钙化区,成骨区;骨干——骨膜,骨领,骨小梁,骨髓,成骨细胞,破骨细胞。

33. 脊神经节　神经元,尼氏体;卫星细胞;神经纤维。

34. 大脑　皮质——分子层,外颗粒层,外锥体细胞层,内颗粒层,内锥体细胞层,多形细胞层;髓质。

35. 小脑　皮质——分子层,普肯野细胞层,颗粒层;髓质。

36. 眼睑　皮肤——睫毛,睑缘腺,睑腺;皮下组织;肌层;睑板——睑板腺;睑结膜。

37. 舌　舌黏膜——复层扁平上皮,固有层,舌乳头,味蕾;舌肌——骨骼肌纤维纵切面,骨骼肌纤维横切面。

38. 十二指肠　黏膜——绒毛,单层柱状上皮,固有层,中央乳糜管,小肠腺,黏膜肌;黏膜下层——十二指肠腺;肌层;外膜。

39. 阑尾　黏膜——单层柱状上皮,固有层,大肠腺,淋巴组织,黏膜肌;黏膜下层;肌层;外膜。

40. 舌下腺　黏液性腺泡,混合性腺泡,浆半月;导管。

41. 胆囊　黏膜——皱襞,单层柱状上皮,固有层,黏膜窦;肌层;外膜。

42. 输尿管　黏膜——皱襞,变移上皮,固有层;肌层;外膜。

43. 输精管　黏膜——假复层柱状上皮,固有层;肌层;外膜。

44. 前列腺　腺泡——腺泡上皮,前列腺固体;腺泡间结缔组织。

45. 输卵管　黏膜——皱襞,单层柱状上皮,固有层;肌层;外膜。

(文晓红　袁莉)

附录2　思考题参考答案

第1章　组织学与胚胎学基本实验技能

1. 实验课前必须做好哪些准备工作？

答：①根据教学进度表，明确每次实验课的实验项目。②复习与实验课相关的理论课内容。③预习实验教程，了解观察内容，主要结构的位置、形态特点。④必须准备好工作服、教材、实验教程、笔记、实验报告纸和绘图用具等。⑤实验开始前还需准备好显微镜和标本等。

2. 实验课中你怎样保证不损坏和遗失标本？

答：①领取标本时检查有无缺损。②不观察的标本总是放在标本盒内，不能放在桌子上，更不能夹在书本中。③将标本盒放在安全的地方。④观察标本时，一定要正面向上。⑤正确操作显微镜。⑥下课前，一定要把显微镜上的标本取下来，再把标本清理好，交还给教师。

3. HE染色的标本可看到细胞的哪些结构？各被什么染料染色？染成什么颜色？是嗜酸性还是嗜碱性？

答：HE染色的标本可看到细胞核和细胞质。

细胞核嗜碱性，被苏木素染成紫蓝色。在细胞核可看到核膜、异染色质、核仁。

细胞质一般嗜酸性，被伊红染成粉红色；但若细胞质内粗面内质网或游离核糖体丰富，就变为嗜碱性，染成紫蓝色了。细胞质内的细胞器用HE染色一般看不见，但若细胞质内粗面内质网或游离核糖体密集成堆，则可看到染成紫蓝色的点状或块状的物质；有的细胞质内可见到分泌颗粒、异物颗粒、色素颗粒等，随颗粒性质不同而呈现不同的颜色。

（文晓红　杜已萍）

第2章　上皮组织

1. 如何根据上皮的分布和结构特点在器官的切片中找到上皮组织？

答：上皮的主要结构特点是：细胞多，细胞形态比较规则，细胞排列紧密，细胞外基质很少。被覆上皮呈膜状或层状，覆盖于身体表面、衬贴在体内有腔器官内表面。腺上皮则分布于腺体内。

根据上皮的这些特点，我们在镜下寻找切片中的被覆上皮，应该在器官的表面或有腔器官的腔面寻找，并根据上皮组织的结构特点、细胞层数、细胞形态等判断所找到的结构是否为上皮组织，是哪一种上皮组织。腺上皮则应该在各种大小的腺体中寻找。

2. 在HE染色的切片上如何区别假复层纤毛柱状上皮、未角化的复层扁平上皮和变移上皮？

答：根据上皮的厚度、细胞排列的层数。未角化的复层扁平上皮最厚，细胞排列的层数最多；假复层纤毛柱状上皮则较薄。

根据上皮细胞的形状。变移上皮表层细胞大而厚,游离面一侧的胞质浓缩而染成深红色;未角化的复层扁平上皮浅面的数层细胞呈扁平形;假复层纤毛柱状上皮内可见杯状细胞。

根据上皮表面是否有纤毛。只有假复层纤毛柱状上皮表面可见到纤毛。

(彭　彬)

第 3 章　固有结缔组织

在铺片上可看到疏松结缔组织的哪些纤维?哪些细胞?各有何特点?

答:铺片上可看到胶原纤维和弹性纤维。胶原纤维呈粉红色,较粗,直行或波浪状。弹性纤维呈紫蓝色,细丝状,直行,末端常卷曲。

疏松结缔组织内最多的细胞是成纤维细胞,核较大,呈椭圆形,染成粉红色(经苏木素复染的标本细胞核呈紫蓝色);细胞核外隐约可见浅粉红色的细胞质。疏松结缔组织内还可见到少量的巨噬细胞,核较小,较圆,染成粉红色(经苏木素复染的标本细胞核呈紫蓝色);细胞质中有很多蓝色的吞噬颗粒。

(彭　彬)

第 4 章　软骨和骨

1. 试比较透明软骨、弹性软骨和纤维软骨在光镜结构上的异同。

答:透明软骨、弹性软骨和纤维软骨的软骨基质内都可见软骨陷窝,内装软骨细胞,还可见同源细胞群。不同之处:透明软骨的软骨基质内为交织排列的胶原原纤维,纤维细且折光率与基质相同,于 HE 染色切片不能分辨,因此呈半透明状。弹性软骨的软骨基质内为许多交织成网的弹性纤维(用弹性染色可见),弹性纤维在软骨陷窝周围特别密集。纤维软骨的软骨基质内为大量粗大成束的胶原纤维束,纤维束平行或交叉排列;软骨陷窝位于胶原纤维束之间,成行或散在分布,数量较少,软骨囊不明显;软骨细胞较小,同源细胞群少见。

2. 骨陷窝、骨小管、中央管和穿通管内各装的什么结构?

答:骨陷窝内装的是骨细胞的胞体;骨小管内装的是骨细胞的突起;中央管和穿通管内装的是血管、神经和少量结缔组织。

3. 在长骨发生切片上,如何根据其形态结构特点来划分长骨纵向生长过程中所形成的四个区?

答:首先从位置上区分,从次级骨化中心向骨干方向,依次为软骨储备区、软骨增生区、软骨钙化区和成骨区。再从结构特点上区分。

软骨储备区:软骨细胞较小,分散存在。

软骨增生区:软骨细胞呈扁平形,形成一串串并列纵行的软骨细胞柱。

软骨钙化区:软骨细胞变大变圆,并逐渐死亡,软骨基质强嗜碱性。

成骨区:形成条索状的过渡型骨小梁,其中央是钙化的软骨基质,表面有骨组织形成。

(彭　彬)

第5章 血　　液

1. 光镜下如何分辨三种粒细胞？

答：粒细胞根据胞质内特殊颗粒的染色特性可分为中性粒细胞、嗜酸性粒细胞和嗜碱性粒细胞。

中性粒细胞：数量较多。圆球形，直径较红细胞略大。核染色较深，为紫蓝色，呈杆状或分叶状，每叶核之间有染色质丝相连。胞质染成浅红色，其内可见许多浅红色的细小颗粒。

嗜酸性粒细胞：数量较少，较难找到。圆球形，较中性粒细胞大。核常为两叶，呈八字形，染色深。胞质内充满粗大的嗜酸性颗粒，大小一致、分布均匀，染成鲜红色，颗粒的折光性较强而发亮，在褪色的标本上颗粒的染色较浅，但仍然发亮。

嗜碱性粒细胞：数量很少，几乎找不到。细胞呈圆球形，与中性粒细胞差不多大。核呈 S 形或不规则形，染色较浅，常不易分辨。胞质内有大小不等、分布不均的着紫蓝色的颗粒，细胞边缘颗粒较清楚，中央的颗粒常将胞核掩盖。

2. 无粒白细胞分为哪两种，光镜下如何区分？

答：无粒白细胞包括单核细胞和淋巴细胞两种，主要从以下几个方面区分：

淋巴细胞：数量较多，较易找到，外周血中以小淋巴细胞数量最多，其体积比红细胞稍大。淋巴细胞呈圆形。核大，圆形，核一侧常有一小凹陷，染色深呈紫蓝色，常见一些块状的染色质。胞质很少，仅薄薄的一层包在胞核外面，内含少量的嗜天青颗粒，染成紫蓝色，有时因胞质收缩而看不到胞质窄缘，好像只有一个裸露的细胞核一样。

单核细胞：数量较少。胞体呈圆球形或椭圆形，是血液中体积最大的细胞。核呈肾形、马蹄形或不规则形，偏于细胞的一侧，染色较浅。胞质丰富，染成灰蓝色，内含有淡紫色细小的嗜天青颗粒。

（马　利）

第6章 肌　组　织

光镜下三种肌组织（包括纵、横切面）有何区别？

答：三种肌组织纵切面的区别要点是肌纤维的形态、有无横纹、细胞核的位置和数量。纵切面观察：骨骼肌纤维呈长条形；多个核，紧贴肌膜内面；横纹较明显。心肌纤维呈短柱状有分支；1～2 个核，位于细胞中央；横纹不及骨骼肌的横纹明显；肌纤维间的连接处有时可见闰盘。平滑肌纤维呈细长梭形，中央粗，两端尖细；一个核，位于细胞中央；无横纹。

三种肌组织横切面都呈圆形或多边形，区别要点是肌纤维的大小、细胞核的位置和数量。横切面观察：骨骼肌纤维横切面较大；核位于细胞边缘，1 个或数个。心肌纤维横切面稍小；核居中央，核周胞质浅染。平滑肌纤维横切面最小；核居中。

（黄小丽）

第7章 神经组织

1. 光镜下观察神经元胞体有何特殊结构？其实质是什么？有何功能？

答：尼氏体位于神经元胞体和树突的胞质内，嗜碱性，呈紫蓝色斑块状或细颗粒状。其实质是发达的粗面内质网和游离核糖体聚集而成。功能为合成更新细胞器所需的结构蛋白、合成神经递质所需的酶类以及肽类的神经调质。

2. 树突与轴突在结构上有何区别？何为轴丘？如何识别？

答：树突——每个神经元有一至多个树突，分支多，呈树枝状；树突内含尼氏体，染色较深。轴突——每个神经元有一个并且只有一个轴突，较树突细，直径较均匀，分支较少；轴突内无尼氏体，染色较浅。轴丘——神经元胞体发出轴突的部位，呈圆锥形；此区也无尼氏体，染色较浅。

3. 髓鞘是如何形成的？有何功能？在HE染色切片上髓鞘为何呈空泡状？

答：髓鞘的形成在周围和中枢神经系统稍有不同。在周围神经系统的有髓神经纤维的形成过程中，伴随轴突的生长，施万细胞表面凹陷成纵沟，沟两侧的细胞膜贴合形成轴突系膜；此后系膜不断伸长并旋转卷绕轴突，在轴突周围形成许多呈同心圆环绕的板层膜，即为髓鞘。在中枢神经系统，髓鞘是由少突胶质细胞的突起包绕轴突形成的。

髓鞘的功能是绝缘、保护、加快神经冲动的传导。

髓鞘的化学成分主要是髓磷脂，其中类脂约占80%。HE染色标本制备时，髓鞘中的类脂被溶解，故髓鞘呈空泡状。

（黄小丽）

第8章 循环系统

1. 光镜下怎样区分循环系统的管道和其他管道？

答：循环系统管道的上皮是内皮（单层扁平上皮），有的管腔内可见血细胞。中小动脉管壁还常见内外弹性膜。

2. 光镜下怎样区分大动脉、中动脉和小动脉？

答：各种动脉的主要区别是中膜的结构，以及有无明显的内、外弹性膜。大动脉中膜主要由数十层弹性膜组成，无明显的内、外弹性膜。中动脉中膜主要由十几层以上的平滑肌纤维构成，有明显的内、外弹性膜。小动脉中膜有数层平滑肌纤维，内弹性膜较明显，外弹性膜不明显。

3. 光镜下如何区分心内膜和心外膜？

答：心内、外膜表面均覆有单层扁平上皮。区别在于心内膜较薄，结构较细密，可见普肯野纤维；心外膜较厚，结构较疏松，常有成群的脂肪细胞。

（张仁东）

第9章 免疫系统

1. 胸腺中有无淋巴小结，为什么？光镜下胸腺小体有什么特征？

答：胸腺中没有淋巴小结，因为淋巴小结主要由B淋巴细胞组成，而胸腺内是分化发育中的各期T淋巴细胞。胸腺小体位于髓质中，散在，大小不等，由数层扁平的胸腺上皮细胞呈同心圆状环绕而成；周边的细胞有核，中央的细胞已角化，核消失，胞质染成深红色。

2. 详细比较淋巴结和脾在光镜结构上的异同。

答：淋巴结被膜下方紫蓝色的为皮质，中央色浅部分为髓质。脾不分皮质和髓质，脾实质中散在、细胞密集的紫蓝色团块是白髓，其他染成紫红色、呈网状的区域是红髓。淋巴结有副皮质区，脾有动脉周围淋巴鞘。淋巴结有皮质淋巴窦，脾没有该结构。淋巴结髓索和髓质淋巴窦管腔中均不见红细胞，脾索和脾血窦中含大量的红细胞。

（张仁东）

第10章 消 化 管

1. 光镜下食管、胃、回肠和结肠的黏膜结构有何区别？

答：消化管的黏膜分为三层：上皮、固有层和黏膜肌层。主要区别在于上皮的类型和上皮细胞的种类不同，以及固有层中的腺体和淋巴组织的差别。

食管黏膜表面为未角化的复层扁平上皮。固有层中无腺体，但可见食管腺的导管。

胃黏膜表面和胃小凹表面都覆盖着单层柱状上皮，上皮细胞为表面黏液细胞，其顶部的细胞质染色很浅；无杯状细胞。固有层内充满密集的胃底腺，可以识别主细胞与壁细胞。

回肠腔面有许多绒毛。绒毛表面为单层柱状上皮，柱状细胞嗜酸性，其间有杯状细胞，柱状细胞游离面有纹状缘。固有层中有小肠腺，腺上皮为单层柱状，吸收细胞之间也夹有杯状细胞，可见帕内特细胞；固有层中还常见集合淋巴小结。

结肠无绒毛。表面为单层柱状上皮，柱状上皮细胞间夹有大量的杯状细胞。固有层内有密集的大肠腺，腺上皮也为单层柱状上皮，有大量的杯状细胞；固有层中可见孤立淋巴小结。

2. 皱襞、绒毛、微绒毛、纹状缘有何区别？

答：皱襞为消化管的黏膜和黏膜下层共同向腔面的突起，大，肉眼即可见为较大的突起。

绒毛是小肠的特征性结构，由上皮和固有层共同向腔面的突起，肉眼可见是很细的突起，光镜可见其各种结构。

微绒毛是上皮细胞游离面伸出的指状突起，由胞膜和胞质共同突出形成，光镜下不可见，电镜才能观察到。但在小肠吸收细胞游离面的微绒毛排列密集，呈现为光镜下可见的一条深红色的带状结构，即纹状缘。

3. 怎样区别胃小凹与胃底腺？

答：胃黏膜表面的凹陷是胃小凹，胃小凹深面的固有层内含密集的胃底腺。

胃小凹是单层柱状上皮，上皮细胞为表面黏液细胞，其顶部的细胞质染色很浅，使胃小凹看起来很大。

胃底腺呈管状，切片上被横切、纵切和斜切成不同形态，几乎看不见管腔，最多是主细胞和壁细胞,是胃小凹没有的,染色比表面黏液细胞深。

(张仁东)

第11章 消化腺

1. HE染色标本中怎样区别黏液性细胞和浆液性细胞?

答:黏液性细胞的核为扁圆形,位于细胞基底部;大部分胞质呈空泡状,染色浅淡。浆液性细胞的核为圆形,位于细胞偏基底部;细胞顶部含有许多染成红色的分泌颗粒,基部胞质嗜碱性。

2. 胰腺泡细胞的光镜结构有什么特点? HE染色如何识别胰岛?

答:胰腺泡细胞为浆液性细胞。细胞呈锥体形;细胞基部嗜碱性,顶部含有很多染成红色的分泌颗粒;核圆,位于细胞偏基底部。

胰岛分散在腺泡间,为大小不等的细胞团,HE染色较浅。胰岛细胞较小,细胞排列成团索状;细胞之间有丰富的毛细血管。

3. 光镜下如何识别中央静脉? 小叶间静脉、小叶间动脉和小叶间胆管的结构有什么区别?

答:中央静脉位于肝小叶中央。管腔一般较大,多数近似圆形,管壁不完整。其周围结缔组织很少,无其他管道伴行。

小叶间静脉、小叶间动脉和小叶间胆管位于相邻肝小叶之间的门管区内,三种管道伴行。小叶间静脉的管腔较大而不规则;管壁薄,内衬内皮。小叶间动脉的管腔小;管壁相对较厚,内衬内皮,外可见有环形平滑肌。小叶间胆管的管腔较小;管壁为单层立方上皮,核圆,染色较深,排列较密,胞质色浅。

(文晓红)

第12章 呼吸系统

1. 气管和食管的光镜结构有何不同?

答:气管管壁从内向外依次为黏膜、黏膜下层和外膜,三层之间没有明显的分界。黏膜分为两层,表面为假复层纤毛柱状上皮,深面为固有层。黏膜下层含有混合腺(浆液性和黏液性分泌部及其导管)。外膜有C形透明软骨环。

食管管壁从内向外依次为黏膜、黏膜下层、肌层和外膜,四层之间有较明显的分界。黏膜与黏膜下层一起向腔面凸出形成皱襞。黏膜分为三层,从内向外依次为未角化的复层扁平上皮、固有层和黏膜肌层。黏膜下层含有食管腺(腺细胞为黏液性细胞)。肌层为内环、外纵两层。外膜属纤维膜。

2. 光镜下如何识别细支气管? 肺泡管和肺泡囊有什么区别?

答:细支气管的管径细、管壁薄,管壁分层已不明显。黏膜常形成皱襞突入管腔。管壁上皮由假复层纤毛柱状逐渐变为单层纤毛柱状;杯状细胞、腺体和软骨片很少或消失;环形平滑肌纤维增多。

肺泡囊是由多个肺泡共同开口所围成的空间,在相邻肺泡开口处的肺泡隔末端没有结节状膨大。肺泡管也是由多个肺泡围成，但在相邻肺泡开口处的肺泡隔末端有结节状膨大，染成粉红色，这样的结节状膨大所围成的管壁很不完整的通道，即为肺泡管。

（文晓红）

第 13 章　泌尿系统

1. 光镜下怎样区别近曲小管和远曲小管？

答：近曲小管的管壁厚，管腔小而不规则。管壁上皮细胞为单层立方或锥体形，细胞较大，分界不清；核圆，位于近基底部；胞质强嗜酸性，染成深红色；细胞游离面有高低不平、染成红色的刷状缘。

远曲小管的管腔较大而规则。管壁上皮细胞为单层立方形，细胞较小，分界较清楚；核圆，位于中央，排列整齐；胞质嗜酸性较弱，染成浅红色；游离面无刷状缘。

2. 光镜下如何识别致密斑？集合管的光镜结构有什么特点？

答：在肾小体血管极处，仔细寻找远端小管断面，可见远端小管在靠近血管极一侧的管壁上皮细胞呈柱状，核椭圆形，排列紧密，位于近细胞顶部，此即致密斑。

集合管的管腔大、管壁厚。管壁为单层立方或单层柱状或单层高柱状上皮，细胞大，分界较清楚，胞质染色浅而明亮。

3. 试比较输尿管和膀胱两者的管壁在光镜结构上的异同。

答：输尿管和膀胱两者的管壁从内向外都分为黏膜、肌层和外膜。黏膜都分为两层，表面为变移上皮；上皮深面为固有层，由疏松结缔组织构成。

膀胱壁各层更厚。黏膜层形成的皱襞较不规则。肌层特别发达，由内纵、中环和外纵三层平滑肌组成，各层肌纤维相互交错，分界不清。外膜一般为纤维膜，在膀胱顶部则为浆膜。

输尿管黏膜形成多条纵形皱襞，皱襞较高，因此管腔狭小，呈星形。肌层由环形和纵形排列的平滑肌束组成，可能为内纵、外环两层，也可能为内纵、中环、外纵三层，这取决于取材部位。外膜为纤维膜，与周围的结缔组织移行，无明显的界线。

（文晓红）

第 14 章　男性生殖系统

1. 不同生精小管切面内的生精细胞种类相同吗？为什么？

答：正常成年睾丸生精小管的管壁（生精上皮）内包含 3 种生精细胞：精原细胞以及由此产生的精母细胞和精子细胞。生精小管（管壁）的切面上均可见这 3 种细胞。不过，这 3 种细胞有不同的发育时期，不同发育时期的细胞组合（相邻细胞的排列）有一定的周期性。例如，某个时期某个区域的生精上皮内，如果有早期圆形精子细胞存在，那么在其旁边或近腔侧一般都同时可见晚期长形精子细胞；如果没有圆形精子细胞，那么一般都可见中期精子细胞（形状介于圆形与长形之间），但见不到长形精子细胞——它们已释放到生精小管腔内（形成精子）。此外，与早期圆形精子细胞并存的精母细胞一般都是中期的初级精母细胞，而与中期精子细胞并存的精母细胞一般既有较晚期的初级精母细胞（较大）又有较早期的初级精母细胞（较小，近基膜侧）。因此，不同生精小管切面上，可见不同发育时期的生精细胞组合。

2. 简述生精小管内支持细胞和生精细胞两者的空间分布。

答：支持细胞（英文文献现在一般都称之为 Sertoli 细胞）有一层，其胞质形状极为不规则，包绕所有生精细胞（多层）。换言之，所有生精细胞都镶嵌在支持细胞上。打个比喻，支持细胞和生精细胞好比混凝土中的泥沙和石头。

3. 睾丸生精小管之间的间质细胞有什么形态特征（与其他细胞相比）？与生精小管内的精子发生有什么关系？

答：间质细胞（英文文献现在一般都称之为 Leydig 细胞）位于间质内，是间质内最大的细胞，近似球形，成群分布；细胞核也近似球形，大致位于细胞中央；胞质内富含脂滴（合成睾酮的原料）。间质细胞合成并分泌雄激素（主要是睾酮），因此维持生精小管内的精子发生。

（郭　洋　杨正伟）

第 15 章　女性生殖系统

1. 光镜下如何区别原始卵泡、初级卵泡和次级卵泡？

答：所有卵泡的基本结构都是由中央的一个卵母细胞及周围的卵泡细胞组成。形态学的变化主要在卵泡细胞。我们可以从卵泡的位置、大小、卵泡细胞的形态以及卵泡腔等进行区别。原始卵泡的位置最靠近皮质浅层，数量多，体积小；卵泡细胞为单层扁平细胞，贴附在卵母细胞外。原始卵泡一旦发育，其卵泡细胞由单层扁平细胞变为单层立方或柱状，或增殖成多层，这时就称为初级卵泡。初级卵泡和次级卵泡的主要区别在于后者出现了卵泡腔。

2. 一个正常未婚女子在月经周期第 20 天时，其卵巢和子宫内膜各有哪些结构特点？

答：子宫内膜的月经周期变化分为三个期，即月经期（1～4 天）、增生期（5～14 天）、分泌期（15～28 天），与增生期和分泌期相对应，卵巢处于卵泡期和黄体期。所以一个正常未婚女子在月经周期第 20 天时，子宫内膜处于分泌期，卵巢处于黄体期。子宫内膜分泌期的结构特点是：内膜增厚，呈海绵状；子宫腺较多、较密集，腺腔扩大，形态弯曲不规则，腔内常见嗜酸性分泌物，腺细胞的胞质着色较浅；内膜中螺旋动脉长、弯曲，伸达内膜表面；在固有层细胞间可见红色的均质状液体，即为水肿现象，并可见较多的白细胞。

3. 怎样识别增生期子宫内膜和分泌期子宫内膜？

答：增生期子宫内膜：子宫腺较少，腺腔较直，狭窄且规则，子宫腺腺细胞染色较深。分泌期子宫内膜：内膜进一步增厚，呈海绵状；子宫腺较多、较密集，腺腔扩大，形态弯曲不规则，腔内常见嗜酸性分泌物，腺细胞的胞质着色较浅；内膜中螺旋动脉长、弯曲，伸达内膜表面，血管腔内充满红细胞，称为充血；在固有层细胞间可见红色的均质状液体，即为水肿现象，并可见较多的白细胞。

（李　静）

第 16 章 皮 肤

1. 皮肤分哪几层？表皮、真皮和皮下组织各由什么组织构成？

答：皮肤分表皮和真皮两层。表皮属于上皮组织，是角化的复层扁平（鳞状）上皮。真皮浅层为乳头层，主要是疏松结缔组织；真皮深层为网织层，较厚，是典型的不规则致密结缔组织。皮下组织在真皮深部，主要是疏松结缔组织，与真皮的区别主要在于其富含脂肪组织。

2. 表皮有哪几种细胞？分布在什么位置？各有何功能？真皮分哪两层？二者有何不同？

答：表皮由两类细胞组成：一类是角质形成细胞，占表皮细胞的大多数，它们在分化中合成大量角蛋白，细胞角化并脱落，由深到浅可分为五层（基底层、棘层、颗粒层、透明层、角质层）；另一类细胞为非角质形成细胞，数量少，分散存在于角质形成细胞之间，包括黑（色）素细胞、朗格汉斯细胞和梅克尔细胞，它们各有特殊的功能，与表皮角化无直接关系。黑（色）素细胞分布在表皮的基底层细胞间，能生成黑色素，黑色素能吸收和散射紫外线，可保护表皮深层的幼稚细胞不受辐射损伤。朗格汉斯细胞分散在表皮的棘细胞之间，能识别、结合和处理侵入皮肤的抗原，并把抗原传送给T细胞，是皮肤免疫功能的重要细胞。梅克尔细胞数目很少，大多位于表皮基底层细胞之间，该细胞基底面与感觉神经末梢形成类似于突触的结构，故认为这种细胞能感受触觉刺激。

真皮可分为乳头层和网织层两层。真皮浅层为乳头层，主要是疏松结缔组织，有丰富的毛细血管，有些乳头内可见触觉小体。真皮深层为网织层，较厚，是典型的不规则致密结缔组织，纤维粗大成束，纵横交织，纤维束之间有各种形态的细胞核，主要是成纤维细胞的细胞核；网织层内除有血管、大小不等的神经纤维束、环层小体外，还有许多汗腺分泌部和导管的断面。

3. 光镜下指皮与头皮结构有何不同？

答：指皮属于无毛皮；浅层的角质层呈均质红染状，很厚，表皮中的五层结构完整；真皮乳头内可见触觉小体，真皮和皮下组织内可见较多的汗腺及环层小体。头皮与指皮主要的区别在于头皮的表皮较薄，头皮内有丰富的毛和皮脂腺。

4. 光镜下如何区别皮脂腺和汗腺？怎样区分汗腺的分泌部与导管？

答：可以从位置和形态来区别皮脂腺和汗腺。皮脂腺位于毛囊和立毛肌之间，而汗腺位于真皮深层和皮下组织中。皮脂腺为泡状腺，由一个或几个囊状的腺泡与一个共同的短导管构成；腺泡的周边部为一层较小的多边形细胞，核染色浅，胞质弱嗜碱性，越靠近腺泡中心的细胞体积越大，呈多边形，核固缩，胞质因内含的脂滴溶解而呈空泡状；导管大多开口于毛囊上段，也有些直接开口在皮肤表面。汗腺呈单管状腺，盘曲成团；分泌部腺管较粗，位于真皮深层和皮下组织中，由单层锥体形细胞组成，染色较浅；导管的管腔较细而直，由两层立方形细胞组成，细胞小而染色较深，导管由真皮深部上行，穿过表皮，形成纵行的隧道，开口于皮肤表面的汗孔。

（李　静）

第 17 章　内分泌系统

1. 甲状腺滤泡上皮细胞的细胞核有的圆，有的扁，为什么？滤泡腔内胶质和上皮细胞之间的空泡是怎样形成的？

答：甲状腺滤泡上皮细胞的形态与甲状腺所处的功能状态是相关的。当滤泡上皮细胞处于功能活跃期，即合成、分泌甲状腺激素的时候，细胞核内 DNA 合成、转录功能活跃，因此细胞核形态较圆、染色较浅；功能活跃的滤泡上皮细胞的整个状态均为染色浅、细胞较高。当滤泡上皮细胞处于功能静止期时，细胞变矮，细胞核变扁。滤泡腔内胶质和上皮细胞间的空泡是由于滤泡上皮细胞重吸收碘化后的胶质而形成的。

2. 请结合肾上腺皮质简述分泌类固醇激素细胞形态结构上有哪些共同的特点？

答：肾上腺皮质的内分泌细胞都是分泌类固醇激素的细胞，其中束状带的细胞结构最典型。分泌类固醇激素的细胞体积较大，形状为多边形；细胞质内无分泌颗粒；滑面内质网和管状嵴的线粒体丰富，因此胞质一般嗜酸性；胞质内富含脂滴，在 HE 染色中脂滴溶解留下空泡，因此胞质染色浅。

（马　利）

第 18 章　眼 和 耳

1. 请结合眼球壁和眼内容物的结构，简述光线在眼球内透射和形成神经冲动的过程。

答：光线经角膜、前房、瞳孔、后房、晶状体、玻璃体传入到眼内到达视网膜，再穿过视网膜的节细胞层和双极细胞层到达视细胞（视锥细胞和视杆细胞）；视网膜视锥细胞和视杆细胞产生的神经冲动，经双极细胞的突起传到节细胞，节细胞的突起形成视神经，将神经冲动传到脑内。

2. 膜蜗管有哪 3 个壁？螺旋器有哪几种支持细胞和感觉细胞？听弦和盖膜在哪个位置？起什么作用？

答：膜蜗管的顶壁为前庭膜，外侧壁为血管纹，底壁由骨螺旋板和基底膜共同构成。基底膜面向膜蜗管的上皮局部增厚形成螺旋器。

螺旋器的支持细胞主要有两种：柱细胞（内柱细胞和外柱细胞）和指细胞（内指细胞和外指细胞）。螺旋器的感觉细胞为毛细胞，包括内毛细胞和外毛细胞。

听弦在基底膜内，能与声波发生共振。盖膜由螺旋缘伸出，覆盖于螺旋器上；当螺旋器与声波共振时，盖膜刺激毛细胞产生兴奋，信息经耳蜗神经传至中枢，产生听觉。

（刘　燕）

第 19 章　人体胚胎学总论

1. 胚胎发生第一周主要有哪些过程？什么是植入？植入时滋养层有什么变化？

答：胚胎发生第一周主要是受精、卵裂、桑葚胚形成、桑葚胚进入子宫腔、桑葚胚发育为胚泡、胚泡透明带消失、胚泡开始植入。植入是指胚泡进入子宫内膜的过程。植入过程中滋养层由一层变为两层，外层细胞界线消失，称合体滋养层；内层细胞界限清楚，称细胞滋养层。

2. 胚胎发生第二周主要有哪些变化？

答：①植入完成，三部分蜕膜形成。②胚泡的内细胞群演变为两胚层胚盘。③羊膜腔和卵黄囊形成。④胚外中胚层和胚外体腔形成。

（注：以上只是答题要点，详细解答请参阅理论教材相关内容。）

3. 胚胎发生第三周主要有哪些变化？

答：①原条、原沟、原结、原凹出现。②两胚层胚盘转变为三胚层胚盘。③脊索形成。④口咽膜和泄殖腔膜形成。

（注：以上只是答题要点，详细解答请参阅理论教材相关内容。）

4. 胎膜有哪几种？胎盘由哪两部分构成？

答：胎膜有5种，即绒毛膜、羊膜、卵黄囊、尿囊和脐带，它们都来自受精卵。胎盘由子体部分和母体部分构成，子体部分即丛密绒毛膜，母体部分即子宫基蜕膜。

5. 写出下面两个图横线所指结构的名称。

图19-1标注的结构有：羊膜、羊膜腔、胚外体腔、平滑绒毛膜、包蜕膜、壁蜕膜、基蜕膜、子宫腔、丛密绒毛膜、脐带。

图19-2标注的结构有：体蒂、羊膜腔、卵黄囊、绒毛、滋养层、胚外中胚层、胚外体腔、三胚层胚盘。

（刘　燕）

第20章　主要器官系统的发生

1. 口鼻和腭的发生有哪些原基？思考这些原基的来源和演变。

答：发生口鼻的原基有：（1）额鼻突，来自脑泡腹侧的间充质局部增生，后来参与鼻梁和鼻尖的形成；（2）左右上颌突和左右下颌突，来自第一对鳃弓腹侧部分的分支，后来参与上下颌与上下唇的形成；（3）鼻板、鼻窝和内外侧鼻突，来自额鼻突下部两侧组织增生，后来参与人中、鼻腔、鼻翼的形成。

发生腭的原基有：（1）正中腭突，是左右内侧鼻突融合处向原始口腔内长出的一个短小突起，后来演化为腭前部的一小部分；（2）左右外侧腭突，是左右上颌突向原始口腔内长出的一对扁平的突起，后来形成腭的大部分。

2. 原始消化管怎样形成的？前、中、后肠分别演变为什么结构？

答：在人胚第3～4周时，随着头褶、尾褶和侧褶的出现和胚体的形成，内胚层被包卷进入胚体内，成为一条起自口咽膜，止于泄殖腔膜的纵行管道，称原始消化管。其头段称前肠，尾段称后肠，与卵黄囊相连的中段称中肠。

前肠主要分化为咽、食管、胃、十二指肠上段、肝、胆、胰、喉以下的呼吸系统；中肠分化为十二指肠中段至横结肠右2/3的肠管；后肠主要分化为横结肠左1/3至肛管上段的肠管。这些器官中的黏膜上皮、腺上皮和肺泡上皮来自原始消化管的内胚层，结缔组织、肌组织、血管内皮、浆膜间皮来自中胚层。

3. 心脏怎样由直管演变为成体形态？心房、心室、动脉干与心球是怎样分隔的？

答：心脏外形的演变过程包括：①心管的4个膨大；②心管U形弯曲（球室襻）；

③心管 S 形弯曲；④心脏外形进一步演变。

心房的分隔过程包括：①第一房间隔形成，第一房间孔形成，第一房间孔关闭，第二房间孔形成；②第二房间隔形成，第二房间隔遮盖第二房间孔，卵圆孔形成；③卵圆孔瓣，血流方向；④出生后的改变。

心室的分隔过程包括：①室间隔肌部形成；②室间孔；③室间孔由室间隔膜部封闭；④室间隔膜部的 3 个来源。

动脉干与心球的分隔过程包括：①动脉干嵴与球嵴的发生；②动脉干嵴与球嵴愈合为主动脉肺动脉隔；③主动脉肺动脉隔把动脉干和心球分隔成肺动脉干和升主动脉；④肺动脉干和升主动脉互相缠绕。

（注：以上只是答题要点，详细解答请参阅理论教材相关内容。）

（刘　燕）